100명중
98명이
틀리는
한글 맞춤법2

한 국 어 · 사 용 자 의 · 필 수 · 교 양

김남미
지음

100명중 98명이 틀리는 한글맞춤법 2

나무의철학

• 이 책에서 ＊표기는 틀린 표현을 의미합니다.

맞춤법은 오늘도 변하고 있다

글을 쓰는 것은 사고하는 일이다. 사고를 마치고 글을 쓰는 것이 아니라 글을 써야 비로소 생각하기 시작한다는 말이다. 이 책을 쓰면서 이 말을 다시금 실감하게 되었다. 언제든 글을 시작할 때면 머릿속에 텅 빈 백지 한 장이 들어 있다. 아무 것도 계획되지 않고 아무 내용도 생각나지 않는다. 도무지 글을 쓸 수 없다고 생각한다. 그러다 애면글면 한 글자씩 쓰기 시작해 항목이 몇 개로 늘어나면 비로소 뭔가 구획이 생긴다.

그때야 내가 쓴 글의 질서를 되돌아볼 여유가 생긴다. 나는 어떤 질서를 만들고 싶은지, 그 질서가 사람들이 보기에 유효한지 등등. 그때부터 틀을 잡고 그 틀을 수정해 가면서 글을 쓰기 시작한다. 이와 관련해 요사이 국내외 글쓰기 학계에서 강조하는 화두가 있다. 글쓰기는 다시 쓰기라는 말이다. 글은 완성한 후에 고치는 것이 아니라 글을 써 나가는 과정 자체가 수정하는 과정이라는 의미다.

맞춤법은 언어적 복잡성의 총화라 생각한다. 현재 우리가 쓰고 있는 말 자체가 복잡하다. 거기에 과거의 말들이 여기저기 흔적을 남겨 복잡성을 더한다. 게다가 우리의 말은 지금도 미래를 향해 변해 가고 있다. 이런 언어의 복잡성을 규범으로 지정한 것이 표준어다. 맞춤법은 표준어를 소리 나는 대로 쓸 뿐만 아니라 어법에도 맞추어 적는 것이니 그 복잡성은 이루 말할 수 없다. 그래서 맞춤법은 때로 대면하고 싶지 않은 대상이다.

《100명 중 98명이 틀리는 한글 맞춤법 1》을 내고 다시는 맞춤법과 대면하지 않겠다고 결심했다. 맞춤법을 설명하기에는 내가 너무 부족하다는 생각으로 책을 낸 것조차 후회했다. 그런데 세상은 내 뜻대로 되는 게 아닌 것이 분명하다. 내 부족한 책이 뜻하지 않는 사랑을 받은 것이다. 이 책을 통해 얻게 된 영광이 내 것이 아닌 듯만 하여 지금까지도 쑥스러울 뿐이다. 하지만 하나는 내세울 수 있다. 그 사랑과 작은 영광은 내가 맞춤법에 대해 더 생각해도 좋다는 그래서 글을 써도 좋다는 허가임을. 그래서 글을 쓰고 싶지 않다는 상태에서 벗어나 맞춤법을 다시 정면으로 마주하기로 했다.

이 생각하고 싶지 않은 상태 즉 글을 쓰기 싫다는 상태에서 벗어나야 한다는 강박의 기회들이 자주 생긴다. 이른바 마감이다. 그리고 글을 쓰는 것은 내가 맞춤법에 대한 생각을 멈추지 못하도록 만든다. 그 사람들과 마감이라는 시간 덕분에 이 책이 나왔다. 결국

'Writing is Thinking'이라는 화두를 실행한 덕분에 글을 쓸 수 있었던 것이다. 이 책이 나왔다는 자체보다도 외면하고 싶었던 맞춤법을 정면 대응하고 이에 대해 깊이 사고할 기회를 가진 것에 감사한다.

이미 이루어 낸 사고는 언제든 되돌아보고 수정할 마음가짐을 가져야 한다. 그래야 생각이 깊어진다. 내 책도 그렇다. 나는 여전히 'Writing is Rewriting'의 단계를 수행하는 중이다. 이 말은 나를 겸허하게 만들어 준다. 내 생각이 틀렸을 수도 있다는 것에 대한 수용, 동시에 틀린 내 생각을 스스로 개선할 각오, 그리고 그 수정에 열정을 다하겠다는 사명감이 또다시 책을 쓸 수 있게 만들 것이라 믿는다.

원고를 마친 이 지점에는 새로운 재미가 있다. 머리말에 감사의 인사를 올리는 재미다. 이 순간에 나는 내 관계를 다시 돌아보게 된다. 늘 그렇듯 이 책은 혼자 쓰지 않았다. 내가 책을 쓸 수 있도록 기회와 용기를 준 모든 분들에게 감사한다. 까칠하면서도 욕심 많은 내 곁에 머물러 주는 그들에게 일일이 감사의 목록을 전하기에는 어휘가 너무 적지만 이름이라도 밝히려 한다.

정말 행복하게도 내게는 존재만으로도 기쁨을 주는 친구들이 많다. 내 자랑스러운 친구이자 주치 약사 최경순. 종강할 무렵이면 어김없이 동시다발적으로 몰려드는 마감들을 소화할 수 있도록 의약적·정서적 지원을 아끼지 않음에 감사한다. 늘 옆에 붙어 있는 것만 같은 신명희, 조은경, 이은영에게도 사랑한다는 말을 남기고 싶다. 내가 책을 내는 것을 자신의 일만큼이나 자랑스러워 해 주는 내 소중한 친구들, 너희들과 함께 여전히 성장하고 있는 지금 여기가 정말 행복하다고.

가끔 여자는 여자 형제가 있는지의 여부로 나뉜다고 생각할 때가 있다. 언니들 덕분에 험악한 상황에서도 버틸 수 있었다. 그리고 언제나 한 걸음 더 나갈 수 있었다. 내 삶에 위로와 지침을 주는 김남옥, 이부순, 장소진에게 내 언니가 되어 주어 감사하다는 말을 전한다. 마흔이 넘어도 여전히 내게는 작은 동생인, 그래서 언제든 같이 살아야 할 것만 같은 내 여동생 김레시라에게도 고맙다는 말을 전한다.

아주 최근에 자랑스러운, 닮고 싶은 새 친구들이 생겼다. 그들은 이만큼이면 충분하다고, 이제 좀 쉬고 싶다고 생각하는 내게 문득 다가왔다. 그리고 내가 배워야 할 것이 아직도 많고 감동을 주는 사람들이 여전히 많다는 것을 일깨워 주었다. 나이가 들어서도 새로운 친구가 생길 수 있다는 것을 알게 해 준 김미란, 김성숙 선생에게 감사의 인사를 전한다.

2015년 초겨울 아버님이 돌아가셨다. 생전에 내가 낸 책을 보시고 묵묵한 웃음으로 오래 시선을 주시던 내 아버지. 험한 상황을 겪었던 딸에게 3년 만에야 이제는 괜찮으냐고 물으시던, 그 아버지의 진중함이 오늘 사무치게 그립다. 그 그리움을 담아 내 아버지 김철기 선생님께 이 책을 바친다.

2015년 8월 김남미

차례

1장   맞춤법 달인이 되기 위한 길라잡이

4장 단어가 결정하는 띄어쓰기

5장 우리가 쓰는 말이 맞춤법이 된다

6장 황당한 맞춤법 파괴

1장

맞춤법 달인이
되기 위한 길라잡이

맞춤법을 제대로 알기 위해서는 원칙을 제대로 아는 것이 중요해요. 맞춤법의 대원칙은 뭘까요? 이런 건 총칙에 나온답니다. 총칙 1항을 그대로 옮겨 볼까요?

> 표준어를 소리 나는 대로 쓰되
> 어법에 맞도록 함을 원칙으로 한다.

이것이 맞춤법의 제1원리죠. 그런데 '소리 나는 대로'와 '어법에 맞게'를 이해하는 것이 그렇게 쉬운 일만은 아니에요. 이 말이 구체적으로 무엇을 의미하는지를 예로써 살펴볼까요? 아래에서 '밭'의 소리가 달라지는 것에 주목해 보세요.

	소리 나는 대로	어법에 맞도록
밭 + 은	[바튼]	연음법칙 적용
밭 + 도	[받또]	음절의 끝소리 현상, 경음화 적용
밭 + 만	[반만]	음절의 끝소리 현상, 비음화 적용
밭	[받]	음절의 끝소리 현상

만약 우리가 모든 단어를 소리 나는 대로 적는다고 생각해 보세요.

- *바튼, *밭또, *반만, *받

    이렇게 적으면 단어의 뜻이 무엇인지 금방 파악되지 않아요. 맞춤법은 표기법이에요. 표기를 읽고 그 뜻을 이해하는 활동이지요. 소리 나는 대로 적는 것은 쓰는 사람은 편리하지만 읽는 사람의 입장에서는 상당히 불편한 일입니다. 무엇보다 읽는 속도가 많이 느려집니다. 그래서 우리의 맞춤법은 의미 파악이 쉽도록 같은 의미의 말은 같은 모양으로 적도록 되어 있습니다.

- 밭은, 밭도, 밭만, 밭

    이렇게 적는 원리와 관련된 것이 '어법에 맞도록 한다'는 원칙이지요. 어법은 우리말의 문법이라 생각하시면 됩니다. 그리고 그 문법 중 맞춤법과 깊이 관계된 것이 음운 현상이고요. 이 음운 현상은 '밭'과 다른 것들이 만났을 때 각각 다르게 소리 나는 이유들을 말해 주는 것이지요. 그래서 이 음운 현상들을 이해하면 우리가 왜 '밭, 꽃, 옆, 늪, 솥'과 같이 적는지를 알 수 있게 됩니다.

    단어가 홀로 쓰이는 경우는 많지 않습니다. 다른 단어나 문법 요소들과 만나 문장을 이루지요. 이 말은 어떤 단어가 다른 것들과 만날 때 원래의 소리와 달라지는 일이 자주 생긴다는 것이고, 이런 일이 많이 생길수록 우리는 이것을 소리 나는 대로 써야 할지, 문법을 고려해서 적어야 할지를 고민해야 한다는 것을 의미합니다.

음운 현상이라고 하면 일단 두려워하는 사람이 많습니다. 이해합니다. 우리가 초, 중등 교육에서 무수한 음운 현상을 배웠는데 어렵기만 했지 쓸모 있지 않았다고 토로하는 분들이 많더라고요. 여기서는 거꾸로 생각해 보기로 해요. 우리는 맞춤법을 이해하고 싶고 이를 위해서 음운 현상을 배우는 거예요. 이미 쓸모가 어디에 있는지를 결정하고 가는 거지요.

실제로 음운 현상은 맞춤법을 이해하는 데 많은 도움을 줍니다. 더 나아가서는 우리가 맞춤법에서 혼란을 겪는 이유를 알게 되기도 합니다. 맞춤법 오류들 중에도 국어의 음운 현상과 연관된 것들이 많거든요. 일단 맞춤법을 잘 할 수 있다니, 제 말을 믿고 음운 현상들을 배우기로 해요.

음절의 끝소리 현상

맞춤법을 제대로 알기 위해서는 음운 현상을 이해해야 해요. 음운 현상이라니 골치가 아프다고요? 그렇지 않아요. 음운 현상은 규칙이에요. 규칙을 제대로 알면 맞춤법이 쉬워져요. 맞춤법은 표준어를 소리 나는 대로 쓰는 것이라는 원칙을 떠올려 보세요. 우리말의 소리를 내는 규칙이 음운 현상이잖아요. 그러니 음운 현상을 아는 것이 맞춤법의 원리를 이해하는 데 도움을 주는 거지요.

음운 규칙의 이름에 주목하세요. 이 이름 속에 현상의 의미가 들어 있거든요. '음절의 끝소리 현상'은 말 그대로 음절의 끝에서 일어나는 현상이에요. 혹시 '음절'이 뭔지 금방 안 떠오르나요? 쉽게

'한 글자'로 소리 나는 것이라 생각하세요. '꽃'은 1음절이고 '나라'라는 단어는 2음절인 거지요. 조금 더 복잡한 사연은 뒤에서 다룰 두음법칙이나 연음법칙과 같은 음운 현상에서 알아보기로 해요.

여기서는 음절이 맞춤법에서 중요한 역할을 한다는 점만 기억하세요. 그렇기 때문에 이 책에는 음절이 자주 나온답니다. 여러 번 반복해서 다른 방식으로 배워야 문법의 원리가 쉽게 이해되니까요.

그러면 다시 '음절의 끝소리 현상'이라는 이름에 주목해 볼까요? 이 현상은 음절의 마지막 위치와 관련된 규칙이에요. 아래 그림을 보세요.

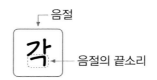

음절의 끝에 올 수 있는 소리들이 어떤 게 있는지 떠올려 보세요. 표기로는 국어 자음을 모두 쓸 수 있지만 그 소리가 다 나는 것은 아닙니다. 표기와 소리가 다를 수 있다는 점에 주목하셔야 해요. 문법은 표기가 아니라 소리와 관련되거든요. 그러니 언제나 여러분이 내는 소리에 귀 기울이셔야 해요. 아래 단어들을 소리 내 말해 보세요.

• 옷[옫], 갗[갇], 꽃[꼳], 남녘[남녁], 솥[솓], 옆[엽]

'ㅅ, ㅈ, ㅊ, ㅋ, ㅌ, ㅍ'이 제대로 소리 나지 않는다는 것을 확인할 수 있나요? '기, (ㄸ), (ㅃ), ㅆ, (ㅉ)' 역시 음절의 끝에서 제대로 소리를 낼 수 없답니다. 우리말 음절의 끝에서는 'ㄱ, ㄴ, ㄷ, ㄹ, ㅁ, ㅂ, ㅇ'의 일곱 개 자음만 소리 나는 거지요. 어떤 사람들은 '그녀 다리만 보오'로 외우라더군요. 그런데 외울 필요도 없어요. 이것은 예외가 없는 규칙이어서 여러분의 발음만 확인해 보면 알 수 있거든요.

그러면 소리는 일곱 개만 나는데 왜 우리는 그렇게 많은 자음을 음절에 끝에다 적는 걸까요? 소리 나는 대로 쓰면 훨씬 편할 텐데 말이죠. 실제로 조선 시대 사람들은 소리대로 받침을 표기했어요. 그런 표기는 말하는 사람한테 아주 좋습니다. 그러나 그 글을 읽는 사람의 입장에서는 곤란한 일이 생겨요. 아래 말의 뜻은 뭘까요?

• 우리 엄마는 꼰만 보면 꼰닙을 뜯는 버르시 이써.

무슨 뜻인지 금방 알 수가 없지요? 그래서 이 단어들은 모음을 만날 때 내는 소리를 표기에 반영하는 것이지요. 이렇게요.

• 우리 엄마는 꽃만 보면 꽃잎을 뜯는 버릇이 있어.

의미를 이해하기가 훨씬 쉽지요. 음절의 끝소리 현상으로 소리 나지 않는데도 표기에서는 받침을 달리해서 쓰는 이유가 거기에 있어요. 우리는 생각보다 훨씬 많은 글을 읽고 있거든요. 제대로 이해하려면 같은 뜻의 단어는 같은 모양이어야 하잖아요. 따라서 같은 의미를 갖는 단어는 동일한 모양으로 표기하는 것이지요.

- 옷[옫], 갗[갇], 꽃[꼳], 남녘[남녁], 솥[솓], 옆[엽]
- 옷은[오슨], 갗은[가즌], 꽃은[꼬츤], 남녘은[남녀큰], 솥을[소틀], 옆에[여페]

여기에 적은 'ㅅ, ㅈ, ㅊ, ㅋ, ㅌ, ㅍ'은 원래 자신이 가졌던 소리 예요. 단독으로 소리 날 때도 이를 밝혀서 '옷, 갗, 꽃, 남녘, 솥, 옆'이라고 적는 거지요.

그러면 한국어 표기의 받침들이 음절 끝에서 어떻게 소리로 나는지 정리해 볼까요? 음절의 끝소리 현상을 한눈에 볼 수 있어요.

ㄱ	ㄷ	ㅂ	ㄴ, ㄹ, ㅁ, ㅇ
↑	↑	↑	↑
ㄱ, ㄲ, ㅋ	ㄷ, ㄸ, ㅌ ㅅ, ㅆ, ㅎ ㅈ, ㅉ, ㅊ	ㅂ, ㅃ, ㅍ	ㄴ, ㄹ, ㅁ, ㅇ

이 현상은 음절의 마지막에만 적용되는 현상이고 언제나 예외 없이 일어난다는 점도 다시 기억해 두세요.

22

연음법칙

한국인들은 외국인들보다 음절을 훨씬 쉽게 이해할 수 있어요. 우리가 '한 글자'씩 말할 때 그것이 음절이 되거든요. '나라'라는 단어가 2음절인 것처럼 말이에요. 세종대왕이 한글을 창제했을 때 28개의 자음과 모음을 음절 단위로 모아쓰도록 한 덕분에 우리는 글자로 음절을 알게 된 거지요.

음절 표기에서 눈여겨보아야 하는 것이 있습니다. 바로 글자 'ㅇ'입니다. 눈치 빠른 사람은 아셨지요. 제가 음절 표기에서 눈여겨보아야 하는 것은 '글자 ㅇ'이라 했어요. 맞아요. '글자 ㅇ' 말고 다른 'ㅇ'이 있습니다.

- 앙, 엉, 웅, 옹, 잉

위의 글자들은 모두 'ㅇ'을 둘씩 갖고 있지요. 그런데 소리가 나는 것은 받침 'ㅇ'뿐이에요. 글자의 처음에 나오는 'ㅇ'들은 소리가 나지 않아요. 당연한 것 아니냐고요? 아닙니다. 아래 예들과 비교해 보세요.

- 각, 난, 달, 랄, 맘, 밥

위의 예들은 글자와 소리를 굳이 구분하지 않아도 돼요. 글자와 소리가 같으니까요. 하지만 '앙, 엉, 웅, 옹, 잉'과 같은 표기는 그렇지 않아요. 소리를 나타내면 아래와 같이 음절의 첫소리에 빈자리가 생기지요.

- 앙[ㅏㅇ], 엉[ㅓㅇ], 웅[ㅜㅇ], 옹[ㅗㅇ], 잉[ㅣㅇ]

음절을 고려하지 않고 소리만을 표시한다면 우리는 이렇게 적어야 합니다.

- 나 ㅣ가 많 ㅏ지니 잠 ㅣ 점점 없ㅓ진다.
  → 나이가 많아지니 잠이 점점 없어진다.

음절의 처음에 적는 'ㅇ'은 표기에서 독특한 역할을 합니다. 음절을 구분해서 적는 데 큰 도움을 주는 거지요. 이 'ㅇ' 덕분에 표기의 정연함을 얻을 수 있고요. 읽을 때 뜻을 명확히 알 수 있도록 구분해 쓸 수도 있어요.

- 꼬치 ⟶ 꽂이

하지만 우리는 첫머리의 'ㅇ'이 소리가 아니라 빈자리라는 점에 주의해야 해요. 글자를 쓸 때 이 빈자리를 채울 것이냐 말 것이냐 때문에 고민하는 경우가 많거든요.

- *몇일 : 며칠
- 눅눅이 : *눅누기
- *들어나다 : 드러나다
- 받아들이다 : *받아드리다

며칠은 어떤 경우에도 [*면닐]이나 [*며딜]로 소리 나지 않아요. 만일 이 단어가 '몇 + 일'로 각각의 의미가 있다면 두 발음 중 하나로 나야 하거든요. 이중 '[면닐]'이 표준발음이고요. '꽃 안'을 발음해 보세요. [꼬단]이지요? 이것은 '꽃+안'으로 의미를 가진 단어인 '안'이 'ㅊ'이 넘어오는 것을 막기 때문에 생기는 일이에요. 그런데 며칠은 이런 일이 안 일어나요. 그러니 소리대로 '며칠'이라 쓰는 거예요. 이와 관련된 논의는 6장에서 자세하게 설명할 예정이니 잠시만 기다려 주세요.

여기서 하나만 기억해 두세요. 맞춤법에서 'ㅇ'을 빈자리로 남겨 두는가 아니면 채워서 적는가는 의미와 소리의 관계 때문에 생기는 일이라는 점을요. 우리는 앞으로 이런 예들을 하나하나 살필 거예요. 거기서 의미와 소리가 어떻게 빈자리를 남기는가를 알게 될 것입니다.

심지어는 받침을 빈자리에 넘겨 적는가 그렇지 않은가에 따라 의미가 달라지는 경우도 많습니다.

- 목거리 : 목걸이
- 넘어 : 너머
- 걸음 : 거름
- 졸이다 : 조리다
- 달이다 : 다리다

원래 음절은 소리를 가리키는 말이에요. 우리는 자음, 모음, 자음을 모아 적기 때문에 음절을 글자 단위라 생각하는 것일 뿐이지요. 때때로 입학이나 취업 시험에서 음절을 물을 때가 있습니다. 이때는 글자가 아니라 소리를 말해야 해요. 예를 보는 게 쉽겠지요. 아래 문장을 보세요.

- 우리말에는 모음이 많다.

  → [우리마레는 모으미 만타]

위 문장에서 4번째, 7번째, 8번째 음절은 뭐지요. '에, 음, 이'라 답하시면 안 돼요. '레, 으, 미'예요. 음절은 소리의 단위니까요. 우리는 'ㅇ'을 사용해 뜻을 구분할 수 있도록 모아 적는 데 익숙해 있어서 글자를 적는 단위가 음절이라고 생각하기 쉽다 했었지요? 우리가 갖는 특수성을 받아들이고 원래는 어떠한가를 따질 필요가 있는 거지요. 음절은 원래 소리의 단위였고 지금도 그렇다, 이것만 기억하시면 됩니다.

두음법칙

질문하는 방식을 공부해 보기로 해요. 앞서 음절의 끝소리 현상을 배웠습니다. 그러면 음절의 첫소리 현상은 없을까요? 이 둘 사이의 관계를 보세요. '음절'과 '현상'은 동일하게 두고 '첫소리'와 '끝소리'만 대조시켜 보는 거예요. 반의어를 활용한 질문이지요. 저는 여러분이 이런 방식의 질문을 더 많이 하셨으면 좋겠습니다. 이런 질문은 배운 것을 익히는 동시에 더 많은 것을 생각할 수 있게 되거든요.

이 문제를 풀려면 먼저 음절의 끝소리 현상이 뭔지를 다시 떠올려야 할 테고 그 다음에 음절의 첫소리 현상에 대해 예측하게 되잖아요. 이미 알고 있는 지식으로 다른 지식을 이끌어 내는 것. 이것이 문법 공부에 중요한 방식이에요.

음절의 첫소리에 관련된 현상이 있기는 한데요. '음절의 첫소리 현상'이라 부르지는 않아요. 음절의 처음과만 관련된 현상이 아니거든요. 여러분들 중에는 두음법칙을 알고 계신 분들이 있을 거예요. 흔히 두음법칙을 'ㄴ, ㄹ이 단어의 첫머리에 오는 것을 꺼리는 현상'으로 배우셨을 것입니다. 하지만 'ㄹ'과 'ㄴ'은 좀 다릅니다. 먼저 'ㄹ'부터 볼까요? 아래 단어를 보세요.

- 로인(老人) → 노인
- 경로당(敬老堂) → 경로당

'경로당'과 '노인' 속에는 같은 한자가 들어 있어요. '늙을 로(老)'이지요. 그런데 단어의 첫머리에는 'ㄹ'을 꺼리는 현상 때문에 '노'로 바뀌어 나타나는 거예요. 여기서 'ㄹ'과 'ㄴ'의 차이를 알 수 있어요. '노인'에서처럼 단어의 첫머리인데도 'ㄴ'이 나타났으니 말이에요. 아래 단어를 보세요.

- 나누다

단어의 첫머리에도 'ㄴ'이 왔고 단어 중간에도 'ㄴ'이 나오네요. 그럼 'ㄴ'은 왜 두음법칙의 예가 되는 것일까요? 'ㄴ'은 모든 단어의 첫머리에 나오지 못하는 것이 아니라 특정 모음의 앞에서 나타나지 못합니다. 아래 예를 보세요.

- 니전투구(泥田鬪狗) → 이전투구   : ㅣ 모음 앞
- 녀자(女子) → 여자   : ㅕ 모음 앞
- 뇨소(尿素) → 요소   : ㅛ 모음 앞
- 뉴대(紐帶) → 유대   : ㅠ 모음 앞

단어 중간에는 위의 모음 앞에 나타나는 예가 있기는 하지만 이 것 역시 많지는 않습니다.

- 남녀(男女)   : ㅕ 모음 앞
- 당뇨(糖尿)   : ㅛ 모음 앞
- 결뉴(結紐)   : ㅠ 모음 앞
- 은닉(隱匿)   : ㅣ 모음 앞

이를 정리하면 두음법칙이란 'ㄹ'은 단어의 첫머리를 꺼리고 'ㄴ'은 'ㅣ, ㅑ, ㅕ, ㅠ, ㅛ' 앞에 놓이는 것을 꺼리는 현상입니다. 'ㄴ'과 관련된 현상이 복잡하다고요. 그렇지 않습니다. 'ㄴ'은 'ㅣ' 모음 소리 앞에 놓이는 것을 꺼린다고 정리하시면 됩니다. 'ㅑ, ㅕ, ㅠ, ㅛ'는 사실 'ㅣ + ㅏ, ㅣ + ㅓ, ㅣ + ㅜ, ㅣ + ㅗ'로 모두 'ㅣ' 모음 소리를 가지고 있거든요.

그런데 두음법칙에는 'ㄹ'과 'ㄴ'보다 더 중요한 예가 있답니다.

'ㄹ'이나 'ㄴ'은 예외가 있잖아요. 하지만 이 중요한 예는 예외조차 없답니다. 그래서 두음법칙에 해당하는 것인지조차 알 수 없게 되는 거예요. 국어에서 단어의 첫머리는 물론 심지어 음절의 첫머리에도 절대로 올 수 없는 소리가 있습니다. 그게 뭘까요? 다음 단어를 함께 봅시다.

• 앙[ㅏㅇ], 엉[ㅓㅇ], 웅[ㅜㅇ], 옹[ㅗㅇ],

위의 '앙, 엉, 웅, 옹'에서 첫소리와 마지막 소리가 다른 것 아시지요? 첫소리는 빈자리예요. 단지 음절의 경계를 보여 주기 위한 표시이지요. 그리고 마지막 소리는 발음이 됩니다. 그런데 어떻게 동일한 문자로 이를 표시할 수 있을까요? 그것은 '앙, 엉, 웅, 옹'의 마지막에 나는 소리가 음절의 첫 번째 위치에는 절대로 나타나지 못하는 소리이기 때문이랍니다. 옛날에는 음절의 첫 번째에도 이 소리가 났기 때문에 이들을 문자로 구분했어요.

문자	이름	발음	예
ㅇ	이응	없음	어미
ㆁ	옛이응, 꼭지이응	발음됨[ŋ]	부ᇰ어

※ 부ᇰ어 가 후에 붕어로 변함.

그러다가 'ㅇ'의 소리가 음절의 첫머리에 올 수 없게 되면서부터 음절 첫머리의 'ㅇ'이 빈자리를, 음절 마지막 소리의 'ㅇ'이 'ㅇ'의 소리를 대신할 수 있게 된 거지요.

이렇게 음절의 처음에 절대로 올 수 없는 소리가 또 하나 있어요. 역시 나타나는 예가 절대로 없기 때문에 이것이 두음법칙이라는 생각조차 못하는 거예요. 아래 단어를 우리말로 적어 보세요.

• spring : 스프링	ㅅㅍ링

네, 스프링입니다. 그런데 이 단어에 모음은 'i'밖에 없어요. 영어의 소리대로 쓰면 오른쪽의 글자처럼 써야 하는 거지요. 그런데 우리는 그렇게 안 쓰잖아요? 왜일까요? 두음법칙 때문입니다. 우리말의 어두에는 자음 여러 개가 한꺼번에 오지 못합니다. '자음 여러 개'는 간단히 한자 '무리 군(群)'을 써서 '자음군'이라고 말할 수 있어요. 이 법칙 때문에 하나의 음절마다 모음을 넣어 '스프링'이라고 쓰는 거예요.

이제 국어의 두음법칙을 정리해 볼까요?

① 단어의 첫머리에 자음군이 못 옴.
② 음절의 첫머리에 'ㅇ[ŋ]'이 못 옴.

32

③ 단어의 첫머리에 'ㄹ'을 꺼림.

④ ㅣ, ㅑ, ㅕ, ㅠ, ㅛ 앞에 'ㄴ'을 꺼림.

된소리되기 현상

'game'은 어떻게 발음하나요? [게임]이라고
요. 진정 표준어 화자이시네요. 그럼 이 단어를 우리말 문장 속에서
소리 내 볼까요?

- 어제 밤새도록 game[게임]하다가 엄마한테 혼났어.
  → 어제 밤새도록 game[께임]하다가 엄마한테 혼났어.

여전히 [게임]이라고요. 네, game의 우리말 표기는 '게임'이 맞
습니다. 그것이 원어인 영어 소리를 반영하는 것이니까요. 그런데
많은 사람들이 이를 [께임]이라 잘못 발음합니다. 그리고 이런 사

람들이 더 많아지고 있어요. 이 발음이 틀렸다는 건 중요하지 않아요. 우리에게 중요한 것은 이 현상의 이름입니다. 국어의 음운 현상 이름 속에는 규칙의 의미가 들어 있다 했지요. 그 생각을 반영해 이름을 지어 볼까요?

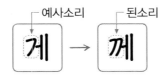

무엇이 달라졌는가에 주목하세요. 'ㄱ'이 'ㄲ'으로 바뀌었네요. 우리는 'ㄱ, ㄷ, ㅂ, ㅅ, ㅈ'과 같은 소리를 보통 소리라는 의미에서 예사소리라 하고 'ㄲ, ㄸ, ㅃ, ㅆ, ㅉ'를 된소리라 하지요. 그래서 이 음운 현상의 이름이 '된소리되기 현상'이에요. 길다고요. 짧게 줄여 볼까요. 한자를 사용하면 짧아져요. 예사소리는 보통 소리라 했지요. 보통은 '평범(平凡)'할 때의 '평(平)'을 쓰고요. 소리는 '음악(音樂)'할 때의 '음(音)'을 사용해 '평음'이라 해요. 된소리 역시 한자를 쓰면 '경음(硬音)'이에요. 강하다, 긴장하다라는 의미의 한자지요. 그러면 평음이 경음이 된 현상이네요. 그래서 이 현상의 이름은 '경음화'입니다. 많은 사람들이 게임을 '*께임'이라 발음하는 것이 바로 경음화 때문이에요.

앞서 배운 것을 외우려 하지 마세요. 뒤의 내용이 더 중요하니까요. 앞 음절에 'ㄴ, ㄹ, ㅁ, ㅇ' 이외의 받침이 오면 뒤의 자음은 된

소리로 소리 나는 현상이 있답니다. 이는 예외가 전혀 없는 규칙이에요. 그리고 맞춤법 이해를 위해 아주 중요한 규칙이고요. 실험해 볼까요. 아래 단어를 발음해 보세요. 편의상 음의 길이는 반영하지 않을래요.

- 국밥[국빱], 몹시[몹씨], 톱밥[톱빱], 국수[국쑤], 짓궂다[짇꾿따]

어떤가요? 예외가 없지요? 그러면 이런 예외 없는 규칙이 맞춤법과 무슨 상관이냐는 질문이 나와야겠지요. 예외 없는 자동적 규칙은 표기에 반영하지 않아요. 어법으로 설명 가능하니까요. 이 원칙 덕분에 여러분은 아래 단어의 표기를 혼동하지 않을 수 있어요.

- 야단법석 / *야단법썩

'법석'의 '법'에는 'ㅂ' 받침이 있네요. 뒤의 'ㅅ'이 'ㅆ'으로 소리 나는 것은 당연한 일. 그래서 표기에 반영하지 않습니다. 된소리를 표기에 반영해야 하는지를 고민할 때 앞말의 받침을 확인하는 것이 아주 유용하지요. 그럼 여기서 바로 나와야 하는 질문은 'ㄴ, ㄹ, ㅁ, ㅇ'은 어떤지에 대한 것이겠지요. 다음을 보세요.

- 군가[군가], 몸살[몸살], 강북[강북], 줄기[줄기]

앞의 예들에는 된소리되기 현상이 일어나지 않아요. 받침에 'ㄴ, ㄹ, ㅁ, ㅇ'과 관련된 경음화 현상은 없느냐고요? 있습니다. 이 현상들은 아주 복잡해서 여기서 배우지 않을 거예요. 기쁘시지요. 여러분의 안심하는 표정이 보이네요. 하지만 중요한 것은 바로 지금 여러분이 질문을 생각해 내셔야 한다는 것. 그래야 맞춤법을 제대로 이해하는 과정을 거치고 있는 거니까요.

'ㄱ, ㄷ, ㅂ, ㅅ, ㅈ'를 예사소리나 평음으로 묶어서 부르고 'ㄲ, ㄸ, ㅃ, ㅆ, ㅉ'를 된소리나 경음으로 부르듯, 'ㄴ, ㄹ, ㅁ, ㅇ'은 '유성음'이라 해요. 성대가 떨리는 소리라는 의미예요. 그러면 '유성음'의 반대말은요? 맞아요. '무성음'이지요. 그러면 앞의 경음화가 더 쉬워져요. 우리나라 말의 받침은 'ㄱ, ㄴ, ㄷ, ㄹ, ㅁ, ㅂ, ㅇ'의 일곱 개만 소리 난다 했지요. 이 소리를 둘로 나누어 보세요. 그러면 무성자음 뒤에서 규칙적 경음화가 일어난다고 간단히 정리할 수 있는 거예요.

무성음			유성음			
ㄱ	ㄷ	ㅂ	ㄴ	ㄹ	ㅁ	ㅇ
뒤 자음을 된소리로 만듦 (예외 없음)			유성음의 된소리되기 현상은 상당히 복잡한 양상을 보이기 때문에 《100명 중 98명이 틀리는 한글 맞춤법 3》에서 다룰 예정임			

자음군 단순화

아래 문장을 보고 화를 내는 분들이 있었으면 좋겠네요. "설마 이런 맞춤법을 틀리는 사람이 있겠어? 우리를 너무 무시하는 것 아니야? 아무리 모른다 해도 그 정도까지야!"라고 말이에요.

• 그는 모범으로 *삶기 좋은 인물이다.

이런 반응을 보이는 분들은 맞춤법을 제대로 지키는 것이 중요하다 생각하는 분들이겠지요. 그래서 흐뭇합니다. 다행히 공식 문서에 이런 오류가 나타나는 경우도 흔하지 않아요. 그런데 이것을 군이 끄집어내어 설명하려는 의도가 무엇이냐고요? 이런 오류들이 앞으로 더 많아질 수도 있기 때문에 예방적 차원에서라도 이 맞춤법 오류가 일어나는 이유를 가르쳐 드리려는 거예요. 사적 영역인 SNS(소셜 네트워크 서비스)나 문자 메시지에서는 종종 나타나고 있는 문제이거든요.

우리의 맞춤법 오류들 중에는 발음의 유사성 때문에 생기는 것이 많다고 했었지요. 그런데 발음상의 혼동은 음운 현상 때문에 생기는 것들도 있답니다. 위의 '삶다', '삼다'와 관련된 오류도 그런 종류 중의 하나입니다. 다음 문장에서 밑줄 친 두 동사를 발음해 보세요.

- 라면을 삶는다.   → [삼는다]
  라면을 삶아   → [살마]
- 기준으로 삼는다. → [삼는다]
  기준으로 삼아   → [사마]

두 단어의 발음이 같지요? '삼다', '삶다'라는 기본형 자체도 [삼따]로 동일하게 발음됩니다. 하지만 이 단어들이 모음과 만나면 '삶아[살마]', '삼아[사마]'로 발음이 구분됩니다. 그 때문에 우리는 둘을 구분해서 쓰는 거지요. 그래야 의미를 밝혀 적을 수 있으니까요.

그렇다면 자음 앞에서 '삶다'와 '삼다'의 발음이 같아지는 이유는 무엇일까요? 음절의 끝소리 현상 아시지요. 국어 음절의 마지막에는 'ㄱ, ㄴ, ㄷ, ㄹ, ㅁ, ㅂ, ㅇ'의 자음만 발음될 수 있잖아요. 그러니 '삶다'의 경우의 받침 'ㄹ, ㅁ'이 모두 발음될 리가 없겠지요? 이 두 개 중 하나가 탈락되겠네요. 이러한 받침의 탈락 현상을 '자음군 단순화'라고 해요. 자음군에서 '군'은 무리라는 의미예요. '군중(群衆)'할 때의 '군(群)'이거든요. 단순화는 간단해진다는 의미이니 자음군 단순화는 두 개였던 자음이 하나로 간단해진다는 뜻이겠네요.

이 자음군 단순화 때문에 원래 'ㄹ, ㅁ'을 가진 단어와 'ㄹ'이 없

는 단어들을 혼동하게 되는 거예요. 그래서 다음과 같은 오류들이
생깁니다.

- 앎이 부족하다.

  → *암이 부족하다.

- 삶이 만만치 않다.

  → *삼이 만만치 않다.

- 그는 김구 선생님을 닮고 싶어 한다.

  → 그는 김구 선생님을 *담고 싶어 한다.

위의 예들을 보니 아래의 오류가 나타날 수도 있겠다는 것을 아
시겠지요.

- 그는 모범으로 *삶기 좋은 인물이다.

혹 글을 쓰다 받침을 어떻게 적어야 하는지 헷갈린다면 얼른 모
음 '아/어'나 '은'을 붙여 소리 내 보세요. '[살마, 살믄]'로 난다면
'삶'이라 쓰고요. '[사마, 사믄]'으로 소리 난다면 '삼'으로 적으면
된답니다. 그리고 나중에 부하 직원의 문서에서 비슷한 오류들을
발견하게 되면 이런 원리를 가르쳐 주세요. 그러면서 자신의 맞춤
법 실수가 나타나는 이유가 무엇인지 알면 이를 수정하기 훨씬 쉽
다고 덧붙이는 것도 잊지 마시고요.

자음동화, 모음동화, 자음모음동화

우리의 입은 항상 발음을 편하게 하도록 되어 있답니다. 그래서 웬만하면 비슷한 소리로 만들어서 쉽게 발음하려고 하지요. 이런 현상을 한자어로 동화(同化)라고 부릅니다. 그러면 어떤 소리가 어떤 소리를 동화시킬 수 있는지 경우의 수를 짚어 볼까요?

- 자음동화: 비음화, 유음화
- 모음동화: 이모음 역행동화, 이모음 순행동화

먼저 자음과 자음이 만날 때 일어나는 동화가 있겠네요. 그리고 모음과 모음이 만날 때 일어나는 동화가 있을 수 있겠고요. 자음동화라는 말은 알겠는데 '비음화, 유음화'라는 말이 나오니 복잡하시다고요. 쉽게 설명해 드릴게요.

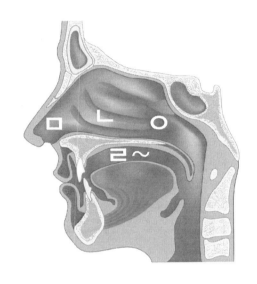

비음은 콧소리라는 뜻이에요. 병원 중 이비인후과를 아시지요? 여기서 '비(鼻)'가 코라는 뜻입니다. 콧소리는 위 그림의 윗부분에 위치한 것으로 국어에서 'ㅁ, ㄴ, ㅇ'이 해당됩니다.

유음의 '유'는 '흐를 류(流)'라는 한자로 두음법칙에 의해 'ㄹ'이 탈락한 거예요.

• 강의 끝 부분은 유속이 빠르다.

이처럼 '유속'할 때의 '유'와 같은 원리인 거죠. 유음이라는 말 자체에 흐른다는 의미가 있어요. 국어에서는 'ㄹ'이 유음입니다.

'비음화'라는 말은 비음이 아닌 것이 비음으로 되는 현상이고 '유음화'는 유음이 아닌 소리가 유음이 되는 현상이겠네요. 각각의 현상은 맞춤법을 배우는 데 중요한 항목이니 다음 장에서 구체적으로 설명할 거예요.

그럼 모음동화를 볼까요? 순행과 역행은 방향이에요. 앞의 모음이 뒤에 영향을 주면(⇨) '순행동화'라 하는 거지요. 영향의 방향이 거꾸로면 (⇦) 역행동화예요. 국어에서 영향력이 커서 다른 모음을 동화시키는 대표적인 모음이 '이모음'이에요. '이모음'을 넣어 앞의 두 현상을 설명한 것이 아래의 두 현상입니다.

- 모음동화: 이모음 역행동화, 이모음 순행동화

이모음 역행동화를 '움라우트'라고 부르기도 해요. 그리고 이모음 순행동화는 활음과 관련이 깊은 현상입니다. 어렵지요? 여기에서는 이름 정도만 익히고 넘어가도록 해요. 뒤에서 예시를 살펴보면서 좀 더 자세히 설명할 테니까요.

앞서 자음동화와 모음동화로 나눌 때부터 궁금하신 분들이 있었을 거예요. 다른 경우는 없을까요? 물론 있습니다. 질문을 기다리려고 일부러 비워 두었답니다. 자음이 모음에 영향을 주는 경우(원순모음화)와 모음이 자음에 영향을 주는 경우(구개음화)가 있겠네요.

국어에는 세 가지 유형의 동화가 있다는 점 아시겠지요? 이를 정리하면 다음과 같습니다.

〈국어의 동화〉

- 자음동화: 비음화, 유음화
- 모음동화: 이모음 역행동화(움라우트), 이모음 순행동화(활음 삽입)
- 자음과 모음 간의 동화: 구개음화, 원순모음화

유음화

국어에는 'ㄴㄹ'이나 'ㄹㄴ'이 연결되어 소리 나는 경우는 없답니다. 믿어지지 않는다고요? 얼른 예를 떠올려 보세요.

- 난로, 신라, 천리, 광한루, 대관령
- 칼날, 물난리, 줄넘기
- 닳는, 뚫는, 핥네

위의 예들을 보면서 질문 두 개를 해 볼까요? 제가 자꾸 질문하는 연습을 하라고 하면 어른들은 좀 싫어하시더라고요. 애들 취급한다고요. 저는 이렇게 생각합니다. 어른이 되어 갈수록 질문하는 연습을 더 많이 해야 한다고요. 질문을 해야 달라질 수 있잖아요. 그렇지 않아도 단조로워지는 삶 속에서 질문하는 것은 새로운 재미를 찾는 방법이기도 합니다.

어쨌든 질문 두 개가 생각나셨나요? 먼저 '닳는, 뚫는, 핥네'는 'ㄹㄴ'의 연결이 아니라는 문제 제기가 가능하겠네요. 음운 현상은 발음으로 판단하는 것입니다. 국어의 음절의 끝에는 일곱 개 자음밖에 소리 나지 않아요. 그래서 위의 세 단어는 자음군을 단순화시켜야 하고 거기서 남는 것이 'ㄹ'입니다. 그러니 'ㄹ'과 'ㄴ'이 연결될 수 있는 위치이기는 한 거죠.

또 다른 질문은 생각나셨나요? 제 질문하기 연습에 이골이 난 수강생들은 이런 질문을 할 수 있게 되었어요. 첫 번째 줄과 두 번째 줄을 나누는 기준이 무엇인가라는 질문을요. 첫 번째는 'ㄴㄹ'의 연결이고 두 번째는 'ㄴㄹ'이 아니지 않냐고요? 맞습니다. 그런데 이들 둘이 조금 다르게 행동해요. 그래서 구분해 둔 것이죠.

표준발음법에 따르면 위의 'ㄴㄹ'이나 'ㄹㄴ'은 모두 'ㄹㄹ'로 발음하는 것이 원칙입니다. 왜냐고요? 소리 내는 게 편하기 때문이지요.

우리의 옆 얼굴 그림을 통해 자세히 살펴봅시다. 'ㄹ'은 입속에서 나는 소리예요. 'ㄹ' 뒤에 '~'이 보이시지요. 'ㄹ'은 흐르는 소리이기 때문에 '유음'이라고 한다고 배웠지요. 그런데 'ㄴ'은 입속이 아니라 콧속에서 소리 납니다. 지금 입으로 '느르'라고 발음해 보세요. 둘의 위치가 다르다는 것을 느끼실 거예요. 그러면 'ㄴㄹ'이

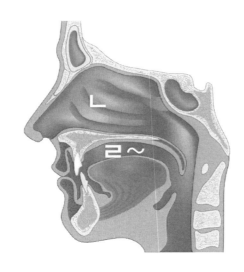

나 'ㄹㄴ'이 연결된다면? 입속이 정말 바쁘겠지요. 입에서 소리 났다가 코로 올라갔다가 'ㄹ'은 '~'식의 흐름도 만들어야 하고 말이지요.

이런 경우에 우리의 입은 이를 모두 'ㄹㄹ'로 발음해 버립니다. 유음이 아닌 'ㄴ'이 유음 'ㄹ'으로 바뀌었네요. 그래서 이것이 유음화입니다.

이 지점이 중요해요. 적기는 'ㄹㄴ'이나 'ㄴㄹ', 또는 'ㄹㅎ'으로 쓰는데 발음은 'ㄹㄹ'로 하잖아요. 그러니 이것을 'ㄹㄹ'로 적어야 하는 것이 아닌지 고민하게 되는 거예요. 거꾸로 원래 'ㄹㄹ'인데 혹시 'ㄴㄹ'이 아닌가도 의심하고요. 아래 예를 보세요.

- 뭐라 말해야 *할른지 금세 떠오르지 않는다.

  → 할는지

'할는지'를 쪼개어 볼까요? 일일이 구성 성분을 모르셔도 됩니다. 현재 우리가 이들을 하나하나 모아서 만드는 것이 아니니까요. 다만 어떤 것들이 모여서 이 말을 만들었는지 확인하면 표기에 도움이 되거든요.

• 하- + ㄹ + 는지

마지막의 '는지'는 '있는지'와 연결되는 것입니다. 'ㄹ'이 '는지' 앞에 결합되면서 'ㄹ는지'와 '는지'의 의미가 구분된 것일 뿐이지요.

마지막으로 이런 질문을 하는 분이 있다면 맛있는 것이라도 사드리고 싶습니다. 발음의 편의를 위해서라면 'ㄹㄹ'이 아니라 'ㄴㄴ'으로 소리 내도 되지 않습니까? 그렇지요. 이런 질문은 교수의 가슴을 두근거리게 합니다. 물론 'ㄴㄴ'으로 소리 내도 'ㄴㄹ'의 연쇄를 피하는 효과가 있어요. 실제로 첫 번째 항목을 아래처럼 발음하는 분들이 있기도 해요.

• 천리[*천니], 광한루[*광한누], 대관령[*대관넝]

비록 표준발음은 아니지만 가능하기는 하다는 거지요. 그래서 다음 예 등은 아예 [ㄴㄴ]으로 발음하도록 되어 있어요.

- 이원론[이원논], 생산량[생산냥], 입원료[입원뇨], 동원령[동원녕]

여기서 재미있는 것은 [ㄴㄴ] 발음을 허용하는 경우는 'ㄴㄹ'로 적는 경우이지요. 뒤가 'ㄹㄴ'인 경우는 발음을 [ㄴㄴ]으로 하면 무슨 말인지 알 수 없게 된답니다. 다음 예시처럼 말이에요.

- 칼날[*칸날], 물난리[*문난니], 줄넘기[*준넘기]

활음화

'기다'라는 동사에 '-어'를 붙인 것은 어떻게 표기하나요?

- 기- + -어 → 기어

이렇게 적는 것이 의미를 구분하는 측면에서 가장 쉽습니다. 먼저 원래의 '기'와 '어'가 글자로 모두 표현되어 있으니 의미를 구분하기에 딱 좋잖아요. 눈치 챈 분들이 있으시군요. 그러면 다른 측면의 어려움이 있다는 것인가요? 그렇습니다. 발음은 어떻게 나지요? 여러분은 '기어'를 액면 그대로 [기어]라고 하시나요? 그런 분들은 발음의 달인들이십니다. 정말 발음을 잘 하시는 거지요. 그리고 [기어]가 표준발음법의 원칙을 지킨 발음입니다.

하지만 이런 발음을 정확히 지키는 건 쉽지 않습니다. 'ㅣㅓ'처럼 모음과 모음이 그대로 연결된 것은 'ㅣㄱㅓ'처럼 자음이 그 사이에 들어간 것보다 어렵거든요. 그래서 '기어'를 달리 발음하기도 합니다.

- 기- + -어 → [기어]
  → [기여]

여기서 [기여] 역시 표준발음법 22항에 의거해 올바른 것으로 인정한답니다. 그럼 바로 질문이 나와야 하겠지요. 왜 이것도 표준발음으로 인정하는 것일까요? 이를 영어 발음으로 바꾸어 표현해 볼까요?

기어　　기여
[iə]　　　[i yə]

위에 보신 것처럼 [기어]와 [기여]의 차이는 [y]가 들어 있는가로 구분됩니다. [y]가 국어에서 무엇인지 아시나요? 낯설어 보이지만 여러분이 이미 쓰고 계시답니다. 'ㅑ, ㅕ, ㅠ, ㅛ'를 발음해 보세요.

- ㅣ + ㅏ ⟶ ㅑ [ya]

- ㅣ + ㅓ ⟶ ㅕ [yə]

- ㅣ + ㅜ ⟶ ㅠ [yu]

- ㅣ + ㅗ ⟶ ㅛ [yo]

여기서 앞자리에 놓이는 것이 'y'입니다. 'ㅣㅏ'가 두 음절로 발음되면 각각의 소리로 인정하지만 이를 하나의 단위로 발음하면 'ㅣ'가 'y'로 변하는 거예요. 이때 소리가 미끄러지거든요. 그래서 미끄러질 활(滑)을 써서 'y'를 활음이라 합니다. 그러면 '기어'가 [기여]로 발음되는 현상의 이름은 무엇일까요? 활음 삽입이라 합니다. 원래 없던 활음이 들어갔으니까요. 그런데 여기서 왜 'y'가 삽입되었는가를 물으면 '동화'라 할 수 있어요. 동화가 무엇인가요? 같아지는 거잖아요.

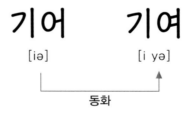

'기어' 발음의 두 모음 'ㅣ', 'ㅓ'와 'ㅣ', 'ㅕ'의 관계를 보세요. 'ㅣ'와 'ㅕ' 속에는 모두 'ㅣ'가 들어 있지요? [y]는 'ㅣ'와 소리가 같다고 했잖아요. 그러니 '기어'를 '기여'로 발음하는 것이 훨씬 더 편한 거예요.

앞서 모음과 모음이 연속되면 발음이 어렵다는 이야기 기억하시나요? 'y'는 'ㅣ'와 소리가 같긴 하지만 'ㅣ'보다는 자음에 가깝거든요. 모음과 모음 사이에 자음의 성질을 가진 'y'를 넣으니 발음을 편안하게 하는 효과도 있답니다.

혹 여기서 질문이 생기신 분은 없나요? 먼저 국어에 활음은 'y'만 있는가에 대해 묻는 분들이 있겠네요. 'w'도 있습니다. 하지만 w 활음 삽입은 y 활음 삽입에 비해 빈도도 적고 표준발음으로 인정하지도 않는답니다.

'기어'의 발음과 관련해서 더 중요한 질문을 하시는 분이 있었으면 좋겠어요. 떠오르는 것 없나요? 관련된 사안을 이리저리 둘러보면서 질문을 찾아내는 것도 훈련된다고 여러 번 말씀드렸었지요? '기- + -어'의 또 다른 발음이 있답니다.

- 기- + - 어 ⟶ [기어]
    ⟶ [기여]
    ⟶ [겨]

세 번째의 '겨'는 어떻게 된 것일까요? 앞에서 했던 것처럼 발음을 알파벳으로 적어 보세요.

무엇이 달라졌는지 두 가지만 짚어 보세요. 먼저 두 글자가 한 글자로 되었다고요. 네, 그런데 이 하나의 글자를 음운 현상으로 무어라 말한다고 했는지 기억하시나요? 맞아요. 음절입니다. 그러면

54

두 음절이 한 음절이 됐네요. 이를 뭐라 부를까요? 그래요, 음절 축약이라 말할 수 있겠군요. 외우지 않으셔도 됩니다. 현상을 그대로 이름 붙인 것이니까요. 그럼 앞서 본 것을 기억해 보세요. 'ㅣ ㅓ'가 각각의 음절 즉 두 개의 음절로 발음되면 'ㅣ'와 'ㅓ'가 다 소리가 난다고 했지요. 그런데 이것이 하나의 음절로 되면 어떻게 된다고요? 'ㅕ[yə]'가 되잖아요. 음절이 줄면서 앞의 'ㅣ'가 'y'로 바뀌는 거지요.

'기어'→ '겨'도 마찬가지예요. 'ㅣ'가 'y'가 됐네요. 음운 현상의 이름을 지어 보지요. 활음이 아니던 것이 활음이 되었네요. 그러면 이 음운 현상의 이름은 활음화입니다. 이렇게 'ㅣ'가 'y'가 되거나 'ㅗ, ㅜ'가 'w'로 바뀌는 것을 '활음화'라 한다는 것, 기억하세요.

2장

쓸수록 헷갈리는
한글 맞춤법

여러분들은 생각보다 맞춤법을 많이 틀리지 않습니다. 제가 이런 말씀을 드리면 대부분은 맞춤법 오류 실태를 몰라서 그렇다고 말씀하시더라고요. 제가 대학생들을 가르치기 때문에 상대적으로 맞춤법을 잘 지키는 상황만 본 게 아니냐 되묻기도 합니다. 또 직장에 다니시는 분들은 부하가 작성한 문서를 볼 때마다 맞춤법부터 다시 가르쳐야 하는 게 아닌가를 고민한다고 토로하시기도 해요.

하지만 그렇다 하더라도 여러분은 생각보다 맞춤법을 잘 쓰고 계십니다. 더 구체적으로 말하면 틀리는 맞춤법의 종류가 그렇게 많지 않다고 하는 게 정확하겠군요. 문제는 동일한 종류의 맞춤법을 계속 틀리고 있다는 것이지요. 여러분의 문서에 오류가 열 개 있다고 치면 그중 같은 유형은 서너 개로 압축됩니다. 그런데도 여러분은 자신이 열 개나 틀린다고 생각하고 있는 거예요.

이런 생각은 두 가지 측면에서 해롭습니다. 첫째는 스스로를 맞춤법 부진아로 생각해 버려서 맞춤법을 어렵고 복잡한 골칫거리로 여기는 거예요. 낙인이론이라 하던가요? 누군가에게 어떠어떠하다고 부당한 낙인을 부여하면 실제로 그 어떠어떠함에서 벗어나기 어렵다고 하는 것이요. 이것은 우리에게도 적용됩니다. 나는 맞춤법을 열 개나 틀리는 사람이라고 낙인을 찍어 버리면 맞춤법은 영영 벗어나기 어려운 장애가 됩니다.

두 번째로 해로운 점은 낱낱의 열 개를 따로 대하면 원리를 이해할 수 없게 된다는 점입니다. 열 개의 오류를 몇 개의 부류로 나누면 '원인'을 이해하기가 더 쉬운 거지요. 실제로도 맞춤법은 낱낱의 단어 때문에 존재하는 것이 아니라 '원인'에 해당하는 원리에 의해 묶이는 거예요. 그래서 자신이 틀리는 맞춤법을 정면으로 바라보고 그들이 어떻게 묶이는지를 읽어 내야 합니다.

그리고 내가 틀리는 맞춤법 유형이 어떤 것인지를 이해하는 것만으로 상당수의 맞춤법 오류가 수정된다고 합니다. 유형을 묶어서 인식하는 것 자체가 스스로에게 교육이 되거든요. 그래서 저는 여러분들이 먼저 자신이 자주 틀리는 맞춤법의 유형에 어떤 것이 있는지를 익혔으면 좋겠습니다. 그 유형을 익히는 데는 원리로 접근하는 것이 도움이 됩니다. 맞춤법을 설명하는 원리들 중에는 여러분이 자주 틀리는 맞춤법의 유형도 있을 테니까요.

맞춤법을 많이 틀린다고 절망하고 있는 여러분들께 드릴 수 있는 위로가 있어요. 여러분이 자주 틀리는 맞춤법 중 상당수는 다른 분들도 어려워하는 것이라는 점이요. 그런 것들은 국어학을 전공한 제게도 어려운 부분입니다. 무슨 말이냐고요? 어려운 맞춤법들 중의 대표적인 유형이 과거 언어의 질서로부터 온 것들입니다. '과거 언어의 질서'라는 것은 우리말을 사용했던 옛 조상들의 언어 질서이지요. 그분들은 돌아가셨지만 그분들이 말하던 흔적들은 우리가 사용하는 말 속에 남아 있어요. 그 흔적을 반영한 맞춤법 유형이라면 쉬울 리가 있겠어요?

원래 어려운 것은 어려운 것으로 받아들이는 게 더 좋은 접근법일 수 있습니다. 그리고 그것에 접근하기 쉬우라고 저 같은 사람이 있는 거잖아요. 원리에 접근해야겠다는 태도와 나에게만 어려운 것이 아니라는 자신감, 그리고 자신이 틀리는 맞춤법의 유형을 알아야겠다는 다짐을 갖고 이 장을 읽기로 해요.

숫양 vs *숫소

언어는 변합니다. 재미있는 점은 변화된 언어의 결과가 오늘날에 남아서 옛사람들의 언어 질서를 알 수 있다는 것입니다. 우리는 우리도 모르는 사이에 500년 전 사람들의 말소리 흔적을 매일 발견하고 있어요. 그게 맞춤법과 무슨 상관이냐고요? 흔적이라는 말이 그 힌트입니다. 흔적이라는 말은 원래의 것이 거의 사라졌다는 것을 의미하잖아요. 원래의 질서는 다 사라지고 아주 작은 실마리가 남아 있으니 이것들은 아주 예외적인 것이 되겠지요. 그래서 옛 흔적과 관련된 맞춤법은 어렵습니다. 무엇 때문에 이렇게 서론이 길까요? 뭔가 복잡한 것을 설명하려는 거예요.

이번에 이야기할 맞춤법은 '암수'의 '수'와 관련된 것들이에요.

암수의 구별은 생물을 논의할 때 기본이잖아요. 그러니 이와 관련된 단어들은 아주 많답니다. 그러면 아래 예들 중에서 맞춤법에 맞는 것은 뭘까요?

- *숫개미, *숫말, 숫양, 숫염소, 숫쥐, *숫소, *숫나사, *숫병아리, *숫강아지, *숫사돈, *숫기와, *숫놈, *숫나방, *숫사슴, *숫개, *숫용, *숫거미, *숫돼지, *숫거위, *숫오리, *숫제비, *숫송아지, *숫늑대, *숫모기, *숫벌, *숫범, *숫산양, *숫여우, *숫오리, *숫이리, *숫자라, *숫할미새, *숫제비

위 단어들 중에서 첫음절에 '숫'을 가지는 것들은 '숫양, 숫쥐, 숫염소'뿐입니다. 나머지는 모두 맞춤법에 어긋난 표기이지요.

그런데 위의 질문을 받은 분들의 반응은 대개 둘로 갈려요. 하나는 이런 문제에 어이없어 하는 분들입니다. 예가 많아도 너무 많잖아요. 그래서 답을 찾을 생각보다는 이런 구별이 필요한가부터 의심하게 되는 거지요. 또 다른 반응은 얼른 답을 내는 사람들입니다. 그분들은 '숫양, 숫염소, 숫쥐'가 맞춤법에 맞다고 거의 1초 만에 답합니다. 정말 놀라운 일이지요.

첫 번째 반응부터 볼까요? 이런 것까지 알아야 하는가에 대한 답은 여러분이 어디에 근무하고 무엇 때문에 맞춤법을 공부하느냐에 달려 있어요. 만약 '농축산업'에 관련된 글을 쓴다고 생각해 보세요. 이런 맞춤법을 알아야 할 필요가 생기겠지요. 하지만 그렇지 않

다면 굳이 위의 세 가지를 외울 필요는 없습니다.

　또 답을 금방 내시는 분들 중에 '숫양'을 떠올리고 뭐더라 하고 한참 후에 '숫쥐'하는 경우는 거의 없어요. 대부분 자동으로 '숫양, 숫염소, 숫쥐'가 나옵니다. 심지어 순서도 그대로인 경우가 많지요. 이 말인즉 외우셨다는 뜻입니다. 외우면 안 되나요? 그렇지 않습니다. 정말 필요한 분들은 외워 두는 것이 편리합니다. 그런데 만일 평생 이 세 단어를 자신의 글에서 쓸 일이 없다면 조금 안타깝습니

다. 그냥 필요가 생길 때 검색하면 될 텐데 왜 굳이 외우셨을까 해서요.

이 안타까움은 사실 이와 관련된 맞춤법에 더 중요한 사안이 있는데도 세 가지 항목만 예외로 규정되어 있어서 단지 외우고 넘어가게 된다는 데에 있어요. 이 중요 사안을 알지 못하고 세 항목을 외우기만 한 분들은 더 중요한 맞춤법을 틀릴 가능성이 많거든요.

여기서 중요한 것은 두 가지입니다. 첫째는 현대 국어의 '수'는 받침에 'ㅅ'을 적지 않는 것을 원칙으로 한다는 사실이고 왜 그런가를 아는 것입니다. 둘째는 '수'와 관련된 예외들 중에서 이 세 개보다 더 중요한 다른 것들이 있다는 점이에요. 아래의 단어들을 보세요.

- 수캉아지, 수캐, 수컷, 수키와, 수퇘지, 수탉, 수탕나귀, 수톨쩌귀, 수평아리
- *수강아지, *수개, *수것, *수기와, *수돼지, *수닭, *수당나귀, *수돌쩌귀, *수병아리

위 단어들의 맞춤법 표기에 모두 'ㅎ'이 들어 있다는 것 보이시나요?

- 수ㅎ + 강아지 → ㅎ+ㄱ→ㅋ → 수캉아지
- 수ㅎ + 병아리 → ㅎ+ㅂ→ㅍ → 수평아리

- 수ㅎ + 돌쩌귀 → ㅎ+ㄷ →ㅌ → 수톨쩌귀

세종대왕이 한글을 창제할 당시에는 위의 '수ㅎ'처럼 다른 단어나 조사와 결합할 때 'ㅎ'이 나타나는 단어가 80여 개나 된다고 알려져 있어요. 그 당시 문헌이 증언하는 거지요. 그러다 이 'ㅎ'을 가졌던 단어들이 오늘날에는 'ㅎ'을 잃어버렸어요. 그래서 다른 단어와 만나도 'ㅎ'을 나타내는 경우가 없어요. 그래서 우리는 이 'ㅎ'에 대해 크게 신경 쓸 필요가 없지요. 그런데 언어의 변화라는 것이 그렇게 만만하지 않아요. 아주 옛날에 만들어진 단어들에는 이 'ㅎ'의 흔적이 남아 있고 우리는 그 단어들을 꽤 자주 씁니다. 세종 당시의 그 질서를 간직한 단어들을요. 아래의 단어들이 그 예들이에요.

- 안+밖   → ㅎ+ㅂ →ㅍ → 안팎
- 머리+가락   → ㅎ+ㄱ →ㅋ → 머리카락
- 살+고기   → ㅎ+ㄱ →ㅋ → 살코기
- 암+개   → ㅎ+ㄱ →ㅋ → 암캐

그리고 이런 옛 흔적을 가진 단어가 앞서 보았던 '수캉아지, 수캐, 수퇘지'의 예들인 것이지요. 이런 단어들은 우리가 실제로 이렇게 발음을 하기 때문에 그대로 적으면 됩니다. 어원을 잃은 것은 소리 나는 대로 쓰는 것이 맞춤법 원칙이니까요.

'수캐, 수평아리, 수톨쩌귀'와 관련된 단어들이 앞서 본 세 가지 예외들보다 중요한 이유는 이러한 과거의 질서를 적용하여야 하는 다른 단어들과의 관계 때문이에요. 위의 예들은 자동으로 '암캐, 암평아리, 암톨쩌귀'가 맞는 표기라는 것을 알려주는 것이잖아요. 그러니 아래의 단어들은 모두 맞춤법 표기에 맞습니다. 그런 것이 일관성이잖아요.

- 암캉아지, 암캐, 암컷, 암키와, 암퇘지, 암탉, 암탕나귀, 암톨쩌귀, 암평아리

그리고 발음을 해 보면 이 단어들이 여러분에게 익숙하다는 것을 알 수 있을 거예요. 만일 그 단어가 어색하다면 그것은 여러분 발음의 문제가 아니라 그 단어를 별로 쓰지 않아서 생기는 문제입니다.

이 'ㅎ'은 뒤에 오는 단어의 첫소리를 된소리로 만들 수 있어서 발음상으로는 사이시옷과 비슷한 음운 현상을 보이기도 합니다. 이것이 제대로 이해되지 않은 분들은 1장의 '된소리되기 현상'을 참조하시면 됩니다. 어쨌든 '숫양, 숫염소, 숫쥐'의 'ㅅ'은 그러한 사정을 반영한 것입니다. 여기서 주목할 점은 이 세 가지가 예외 조항이라는 점이에요. 오늘날의 '수'는 받침 'ㅅ'을 안 쓰는 것을 원칙으로 삼고 있습니다. 왜 그런지 살피기로 해요.

오늘날 '수'라는 말은 단어의 일부로만 나타납니다. 즉 혼자서

는 단어로 쓰이지 못하는 거지요. 우리가 사이시옷을 적는 경우는 어떤 경우인가요? 명사와 명사가 결합되었을 때이고 또 의미가 '~의'인 경우에만 한정됩니다. 그리고 뒤의 명사가 된소리로 발음되는 경우여야 하고요. 이 사이시옷 역시 변화하는 중이라 예외도 많습니다.

그렇다면 오늘날 명사도 아닌 '수' 뒤에 연결되는 명사와의 관계에서 'ㅅ'을 적는 것은 현재의 질서를 고려할 때 자연스럽지 않은 일이지요. 그래서 국립국어원에서 아래와 같이 규정한 거예요.

> 수컷을 이르는 접두사는 '수-'로 통일하며,
> 접두사 '수-' 다음에서 나는 거센소리를 인정한다.
> 이때의 '수-'는 접두사이므로 뒷말과 붙여 쓴다.
> 관련조항 : 표준어 규정 2장 1절 7항, 한글 맞춤법 1장 2항

우리에게 중요한 것은 현재의 질서입니다. 과거로부터 이어져 와 흔적으로 남은 것들은 원리를 통해 이해하면서 동시에 그것의 특수성을 인정해야 하는 거예요. 옛 질서의 흔적을 보이는 것들이 훨씬 더 복잡할 수밖에 없다는 사실도 인정하는 것이지요. 또 규정이 필요하기에 어쩔 수 없이 정해 둔 것들에 대해서도 구별해야 해요. 이런 것들은 언제든 변할 수 있는 것들이거든요. '짜장면, 들통

나다'가 맞춤법으로 인정된 것처럼요. 이것이 무엇인지 궁금하신 분들은 뒤에 나올 5장을 참조하세요. 위의 단어는 새로이 인정받은 단어들이지만, 지나치게 예외적이어서 현재의 질서를 반영하지 못하는 것은 맞춤법으로서의 유용성이 약할 수밖에 없어서 사라지게 되는 거예요.

봬요 vs *뵈요

아래 문장에서 맞춤법에 어긋난 부분이 금방 눈에 띄나요?

- 내일 *뵈요.

    → 봬요

이와 관련된 맞춤법 원리를 거듭 강조해 가르치는데도 이러한 표기는 여전히 어려운 숙제로 남아 있습니다. 제가 가르치는 대학생들에게 어려운 맞춤법을 적어 내라고 하면 반드시 등장하는 항목이거든요. 그 학생들은 제가 너무 자랑스러워하는 우수한 학생들인데 말이지요. 이 말은 '뵈요'와 '봬요'가 혼동되는 것은 당연하다는 뜻입니다. 실제로 현대 국어의 '외'와 '왜'는 발음이 비슷합니다.

일단 국어의 '외, 위'는 단모음이고 '왜'는 이중모음인데 발음이 같은 것이 이상하다고요? 하지만 '외'는 [웨]로 발음되는 경우가 더 많습니다. 실험해 보세요. 단모음은 처음 소리를 낼 때의 입 모양과 소리가 끝날 때의 입 모양이 같아야 합니다. 거울을 보고 '외'를 발음해 보세요. [we]처럼 소리 나지요. 이런 사정은 맞춤법을 정하는 곳에서도 알고 있어요. 그래서 '외'는 이중모음으로 발음하는 경우에 문자와는 달리 '웨'와 발음이 비슷하게 된다는 것을 밝히고 있지요.

그렇다면 '웨'가 '왜'와 발음이 비슷하다는 것은 어떤 의미인지에 대한 질문이 나와야 하겠네요. '왜'는 [wɛ]로 발음되니 [we]로 발음되는 '외[웨]'와는 다른 것이 원칙입니다. 그런데 여러분은 '내:네', '게:개'가 명확히 구분되시나요? 아래 문장을 발음만으로 구분해 보세요.

- 오늘 네가 대표로 병문안을 갈 것이다.
- 오늘 맛있는 게를 먹었다.

발음상으로는 구분이 잘 안 됩니다. 현대국어에서 'ㅐ'와 'ㅔ'가 점점 구분되지 않고 있거든요. 그러니 이중모음 속에 들어 있는 'ㅐ'와 'ㅔ'는 더 구분하기 힘들지요. 그러니 앞서 말한 '뵈요'나 '봬요'가 비슷하게 발음되기 때문에 구분이 어려운 거지요.

- 내일 *뵈요.
    → 봬요

이 어려운 맞춤법을 해결하기 위해서는 일단 기본형을 잡는 연습을 해야 합니다. 기본형은 '뵈다'이겠지요. 그러면 '요'는 무엇인가요? 조사입니다. 특이하게도 어미에 붙는 조사로 듣는 사람에게 존대의 뜻을 나타냅니다. 아래 문장의 마지막에 온 '요'가 이 '요'랍니다. 여기서 중요한 것은 이 높임을 표시하기 위한 '요'는 생략해도 말이 된다는 것입니다. 아래 두 문장을 비교해 보세요.

- 지금 숙제 하고 있어요.
- 지금 숙제 하고 있어.

높임의 정도만 차이가 있을 뿐 훌륭한 문장이 되지요? 그러면 앞서 본 문장에서 '요'를 빼 볼까요.

- 내일 *뵈요. → 내일 *뵈.

이 '뵈'에서 이상한 점을 느끼셔야 합니다. 국어의 동사나 형용사는 언제나 어미가 연결되어야만 문장에 나타날 수 있습니다. 이것이 국어의 대표적인 특성이잖아요. 동사나 형용사에 어미가 붙어야 문장 속에서 역할을 받을 수 있거든요. 그런데 위의 문장에는 그 어미가 없어요. 그래서 조사인 '요'를 빼면 말이 안 되는 거예요. 이것은 마치 아래와 같이 말한 것과 마찬가지입니다.

- 매일 밥을 *먹요. ⟶ 매일 밥을 *먹.

반면 '봬'의 경우는 그렇지 않습니다.

- 내일 봬요. ⟶ 내일 봬.

위의 문장의 '봬요'에는 어미가 들어 있거든요. '봬요'는 '뵈어요'의 준말이잖아요. 이 '어'가 어미이기 때문에 뒤의 조사 '요'를 빼도 훌륭한 문장이 되는 거지요.

이런 질문을 하시는 분들이 있었으면 좋겠네요. '잘 자'라든지, '잘 가', '안 깨'와 같은 문장 속 '자', '가', '깨' 같은 단어들은 어미가 붙지 않아도 문장을 이룰 수 있다고요. 그렇지 않습니다. 여기서 '자'나 '가', '깨'는 '자아, 가아, 깨어'의 준말입니다. 그리고 우리말에 이처럼 마지막 '-아'나 '-어'가 생략되는 경우는 'ㅏ'나 'ㅐ' 뒤에서 뿐이에요.

여러분이 늘 혼동하는 '되-'와 '돼'의 관계도 마찬가지입니다.

'되-'는 홀로 쓰일 수 없습니다. 그래서 '안 *되'라는 말은 없고 '안 돼'라는 말만 있는 거예요. '안 돼요'도 마찬가지이겠지요. 조사인 '요'를 생략해도 말이 되려면 어미가 남아 있어야 하니까요.

받아들이다 vs *받아드리다

- 우리는 해외 문물을 *받아드리는 데 주체적 태도를 가져야 한다.

위의 문장에서 잘못된 부분이 어디인지 금방 아시겠나요? 학생들의 리포트에서 자주 만나게 되는 오류입니다. '*받아드리다'라는 단어는 잘못된 표기입니다. '받아들이다'로 적어야 하지요. 이렇게 쉬운 것도 배워야 하느냐고요? 둘의 차이를 명확히 아신다면 문서 활동에 익숙하거나 나이가 지긋한 분일 가능성이 높아요. 젊은 층이나 문서에 익숙하지 않은 분들은 '받아들이다'와 '*받아드리다'의 구분이 어려운 경우가 많거든요. '받아들이다'가 전혀 어렵지 않은 분들이라도 이런 문제가 왜 생기는지에 관심을 갖는 것이 좋답니다. 맞춤법 오류의 유형을 익혀 두면 비슷한 실수를 피할 수 있으니까요.

생각보다 많은 사람들이 '받아들이다'라는 단어를 '*받아드리다'로 씁니다. 왜 이런 일이 일어날까요? 이를 제대로 알기 위해서는 이 단어들이 어떻게 만들어졌는가를 들여다보는 것이 좋습니다.

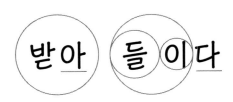

이 단어는 '받다'와 '들이다'가 합쳐서 만들어졌지요. 또 '들이다'는 '들다'에 '-이-'가 합쳐진 단어입니다. 이 '들다'는 여러분이 생각보다 자주 쓰는 말로 아래 단어들 속의 '들다'예요.

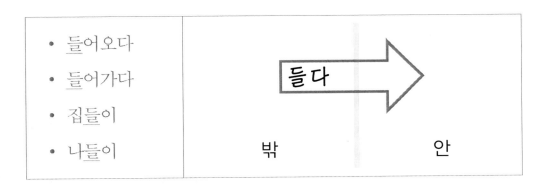

'들다'는 '안을 향해 가거나 오다'의 의미로 단독으로도 쓰인답

니다.

도둑이 <u>들었다</u>		들어왔다
볕이 잘 <u>든다</u>		들어온다
호텔에 <u>든</u> 손님	→	들어온/들어간, 투숙한
새집에 <u>들었다</u>		들어갔다/들어왔다
상처에 물이 <u>들지</u> 않게		들어오지/들어가지
안으로 <u>들다</u>		들어온다/들어간다
(속담) 든 자리는 몰라도 난 자리는 안다		

　　그런데 현재는 '들다'가 단독으로 나타나는 것보다 '들어오다', '들어가다'로 바꿔 쓰는 경우가 훨씬 많아요. 의미상 더 분명하니까요. 게다가 이 '들다'의 의미로 쓰일 수 있는 한자어들이 아주 많답니다. 그러다 보니 '들다'의 쓰임이 점점 더 줄고 있어요.

　　이러한 단어인 '들다'에 '이'가 붙은 단어가 '들이다'예요. '-이-'는 '~게 하다'의 의미를 갖게 하지요. 한자어로는 '사동(使動)'입니다. 아래 두 문장 사이의 관계를 나타내는 것이지요.

　　• 나는 그녀를 우리 동아리에 <u>들게 하려고</u> 애썼다.
　　　= 나는 그녀를 우리 동아리에 <u>들이려고</u> 애썼다.

　　그런데 이 경우 '~게 하-'가 훨씬 더 많이 쓰입니다. 이즈음에서 여러분이 제게 해야 할 질문? 네, 제가 이 말을 왜 하고 있나요? 우리가 어디서 시작했는지를 잊으시면 곤란해요. 항상, 지금 현재 이 말을 무엇 때문에 하고 있는지를 놓치지 말아야 해요. '받아들이다'를 '*받아드리다'로 잘못 적는 이유가 무엇인가가 우리의 질문이었답니다.

리포트에 '받아드리다'로 적는 학생들은 '들이다'라는 단어를 자신에게 익숙한 '드리다'로 바꾸어 버린 거예요. 단지 그 학생들뿐만 아니라, 많은 사람들이 그렇게 생각하고 있는 것으로 보입니다. 여기서 주목해야 할 점은 '드리다'에는 '주다(give)'의 의미가 들어 있다는 점이에요. 이 점에 주목하면 '받아들이다'를 제대로 쓸 수 있답니다. 볼까요?

- 우리는 해외 문물을 *받아드리는 데 주체적 태도를 가져야 한다.

위의 문장이 문물을 '받아서 준다'는 의미가 아니잖아요. '문물을 받아서 들어오게 하는 것'이지요. 그러니 '받아들이다'를 써야 합니다.

- 그냥 *받아드리게.
    → 받아들이게 (= 수용하게, 이해해 보게)

위의 경우도 '어떤 생각을 이해해서 자신의 것으로 만든다'는 의미로 쓰였습니다. 일상에서 '수용하다'나 '이해하다'로 바꾸어 쓰이기도 하는 예들이에요. 그러면 마지막 질문, 위의 예문이 정말 '무엇인가를 받아서 높은 분에게 준다'는 의미일 수는 없을까요? 만일 그렇다면 아래와 같이 써야 합니다.

- 그냥 그것을 받아 드리게.

이 '받다'와 '드리다'는 하나의 단어가 아니기에 반드시 띄어 써야 한답니다. 또 이 경우에 '받다'의 목적어를 밝혀 주는 것도 좋을 거예요. 어쨌든 위의 예는 아주 특수하다는 것도 기억하셨으면 합니다.

떠나려고 vs *떠날려고

아래 문장 속에는 모두 맞춤법에 틀린 부분들이 있습니다. 찾아보세요. 한 문장만 찾지 마시고 네 문장 안의 공통점을 발견하셔야 해요. 더 좋은 방법은 제가 무엇을 어떤 의도로 배치했느냐에 관심을 갖는 거예요. 상대의 의도에 주목하는 것이 그 질서를 찾는 데 도움을 주거든요.

- 버틸려고 해 보았지만 소용없어.
- 자꾸 그러다 혼날려고 그러지.
- 그녀를 잡을려고 애써 봤자 점점 멀어질 뿐이야.
- 그때를 떠올릴려고 많이 노력하고 있어.

위 문장들에서 '버틸려고, 혼날려고, 잡을려고, 떠올릴려고'는 모두 잘못된 표기입니다. '버티려고, 혼나려고, 잡으려고, 떠올리려고'로 적어야 하지요. 요사이 여러분의 글쓰기에서 자주 나타나는 오류 중의 하나입니다. 'ㄹ'을 덧붙여 적으려고 하는 현상이 퍼져 가는 거예요. 그렇다면 이들을 제대로 적기 위해 어떻게 해야 하는지부터 볼까요?

- 지금부터 그 문제를 <u>풀려고</u> 한다.

위의 문장 속의 '풀려고'는 옳은 표기입니다. 이것이 제대로 된 표기인지 아닌지는 기본형을 생각해 보면 됩니다. '풀려고'의 기본형은 '풀다'죠. 어간 '풀-'에 '-려고'가 붙었으니 제대로 된 표기예요. 그런데 앞서 보았던 것은 그렇지가 않아요. 기본형을 보면 사이에 'ㄹ'을 적을 이유가 없거든요. 볼까요?

	기본형	쪼개기	맞춤법 수정
버틸려고	버티다	버티- + -려고	버티려고
혼날려고	혼나다	혼나- + -려고	혼나려고
잡을려고	잡다	잡- + (으) + -려고	잡으려고
떠올릴려고	떠올리다	떠올리- + -려고	떠올리려고

그런데 도대체 이런 일은 왜 생기는 걸까요? 제가 앞에서 예들의

공통점에 주목하라고 말씀드렸었지요? 이들은 모두 '-려고'와 결합하면서 'ㄹ'이 덧난 거예요. 어떤 소리가 덧나는 것은 제법 흔한 일이에요. 같은 소리를 함께 내면 발음이 편해지거든요. 'ㄹ'이 없는 경우에 'ㄹ'을 더 쓰는 경우는 없어요. 우스꽝스러운 예들을 볼까요?

- 자꾸 버틸니 힘들어.
- 엄마한테 혼날더니 좀 나아졌어.

여기서 이런 의문이 떠오르는 분들이 있었으면 좋겠어요. 아래 예들은 뒤에 'ㄹ'이 없는데도 'ㄹ'이 생겼다고요. 이들 역시 기본형을 잡아 봅시다.

- 버틸텐데 / 잡을텐데 / 혼날테니 / 떠올릴테니

	기본형	쪼개기	맞춤법 수정
버틸텐데	버티다	버티- + -ㄹ + 터인데	버틸 텐데
잡을텐데	잡다	잡- + -ㄹ + 터이니	잡을 텐데
혼날테니	혼나다	혼나- + -ㄹ + 터인데	혼날 테니
떠올릴테니	떠올리다	떠올리 + -ㄹ + 터이니	떠올릴 테니

위 예들은 'ㄹ'이 덧난 것이 아니에요. 국어에서 명사를 꾸밀 때

쓰는 관형형 어미 '-ㄹ'이지요.

- 이거 살 사람은 전화해.
  (살 ⇒ 사- + -ㄹ → 뒤의 '사람'을 꾸밈)

그런데 이 '터'가 명사라고 착각해서 띄어쓰기가 혼동되니까 'ㄹ'이 덧났다고 생각하는 거예요. 아래의 예들과 비슷한 경우지요.

- 버틸 뿐/잡을 뿐/혼날 뿐/떠올릴 뿐
- 버틸 줄/잡을 줄/혼날 줄/떠올릴 줄

예사소리 vs *예삿소리

예사라는 단어를 쓰는 일이 줄어들고 있는 듯
해요. 높임법을 가르치면서 '예사 높임'이나 '예사 낮춤'이라는 말
을 쓰면 어린 친구들이 고개를 갸우뚱하는 경우가 많거든요. 요새
는 '예사'라는 말보다 '보통'이라는 단어를 더 많이 쓰니까요. 그러
다 보니 '예사+소리', '예사+일'을 어떻게 적어야 할지 고민하게
마련이지요. 단어도 낯선 데다 표기까지 고려해야 하니 어렵게 느
껴지는 거예요.

예사(例事)는 '흔히 있는 일'을 가리키는 한자어예요. 여기서 두
가지 사실에 주목하세요. '한자어'라는 점과 '명사'라는 점이요. '예
사+소리', '예사+일'을 적는 데는 그 두 가지가 중요하거든요.

먼저 '예사+소리', '예사+일'은 순우리말과 한자어의 합성어라는 점에 주목해야 해요. '한자어+한자어'의 경우에는 사이시옷을 쓰지 않거든요. 오직 아래 여섯 개의 예외만 인정해요. 이 중 '횟수, 숫자'는 외워 두세요. 일상에서 자주 틀리는 것들이거든요.

곳간(庫間), 셋방(貰房), 숫자(數字), 찻간(車間), 툇간(退間), 횟수(回數)

일단 '예사+소리', '예사+일'은 순우리말과 한자어의 합성어이니 'ㅅ'이 사이에 들어갈 수 있는 환경이네요. 아래의 예들 중 하나가 맞춤법에 맞는 표기라는 의미입니다.

- 예사소리 / *예삿소리
- *예사일 / 예삿일

이 둘 중 어떤 것이 맞는 표기인가는 표준발음이 어떤가에 달려 있습니다. 이를 발음해 보세요. 문장 속에서 넣어 발음해야 한다고 말했지요. 단어를 단독으로 발음할 경우 나도 모르게 소리를 왜곡하게 될 수도 있어요.

- 국어의 '예사소리'는 'ㄱ, ㄷ, ㅂ, ㅅ, ㅈ'이다.
         → [예사소리]

'예사소리'의 표준발음은 [예:사소리]이지 [예사쏘리/예삳쏘리]가 아닙니다. 이것이 왜 중요할까요? 국어의 된소리되기 현상(경음화 현상) 중 필수적이기 때문이에요. 앞서 이야기했듯 국어는 앞말에 'ㄱ, ㄷ, ㅂ'로 소리 나는 자음이 오면 뒤 음절은 자동으로 된소리가 되는 현상이 있어요. [예사쏘리/예삳쏘리]로 소리가 난다는 것은 이 경음화가 일어났다는 것을 의미하고 이 경음화를 일으킬 수 있는 것이 'ㅅ'이에요. 이 소리는 음절 끝에서 'ㄷ'으로 소리 나거든요. 잘 기억이 나지 않는 분은 1장에서 배운 음절의 끝소리 현상과 된소리되기 현상을 다시 한번 찾아보세요.

예를 들어 볼까요?

• 그렇지 않아도 <u>머릿속</u>이 복잡한데 너까지 왜 그러니?
　　　　　　→ [머리쏙/머린쏙]

위의 예에는 된소리 'ㅆ'이 소리 났지요? 그래서 '머리＋속'은 '머릿속'으로 표기해야 올바른 거예요. 예사소리는 된소리가 나지 않기 때문에 '예사소리'로 적는 거고요.

그러면 '예사＋일'을 발음해 볼까요? 역시 문장 속에 넣어서 발음하고 확인해 보세요.

• 그렇게까지 화를 내다니 <u>예삿일</u>은 아니다.
　　　　　　→ [예산닐]

표준발음 속에 'ㄴㄴ'이 보이시나요? 이 'ㄴ' 역시 명사와 명사 사이에 개입할 수 있는 'ㅅ' 때문에 발음됩니다. 두 개의 의문이 생겨야 해요. 첫째는 왜 'ㄴㄴ'인가이고 이 'ㄴㄴ'이 'ㅅ'과 무슨 상관인가 하는 의문이지요. 우리말과 우리말의 합성어를 통해 'ㄴㄴ'의 정체부터 살펴보지요.

- 꽃잎[꼰닙]
- 깻잎[깬닙]

꽃+잎은 합성어예요. 이런 합성어의 두 번째 요소가 '잎'처럼 '이'로 시작되면 이 위치에 'ㄴ'이 발음되는 현상이 있어요. 국어에서는 규칙적으로 일어나는 일이랍니다. '꽃잎'의 발음에서 'ㄴ'을 확인할 수 있으시지요? 그런데 국어에서의 'ㄴ'은 앞말의 다른 자음을 자기와 비슷하거나 같은 소리로 바꾸는 힘이 있어요. 여러분이 잘 아는 자음동화이지요. 그래서 이 'ㄴ'은 앞의 자음을 'ㄴ'으로 바꾸게 되고 [꼰닙]으로 소리 나게 된 거예요.

이를 '깨+잎'에 적용해 볼까요? [깬닙]의 두 번째 음절 속 'ㄴ'은 꽃잎의 [닙]과 마찬가지로 'ㄴ'이 삽입된 거예요. 그럼 앞의 'ㄴ'은요? '깨+잎'에는 '꽃+잎'처럼 뒤의 'ㄴ'에 의해 동화될 자음이 없잖아요. 있습니다. 깨와 잎 사이에 'ㅅ'이 있으니까요. 'ㅅ'이 'ㄴ'에 의해 'ㄴ'으로 바뀐 거랍니다.

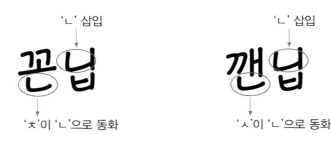

'ㄴ' 삽입 　　　　　　　　'ㄴ' 삽입

꼰닙　　　　　　깬닙

'ㅊ'이 'ㄴ'으로 동화　　　'ㅅ'이 'ㄴ'으로 동화

결국 발음이 [깬닙]으로 나니까 깻잎이라고 적는 거예요. 자, 이제 [예산닐]에서 생긴 두 가지 의문을 풀 수 있게 되었어요. 여기에 연속하는 'ㄴㄴ'은 합성어 'ㅣ' 모음 앞에 'ㄴ'이 삽입되고 그 'ㄴ'이 앞의 자음을 동화시킨 결과였어요. 그리고 동화된 앞 자음은 'ㅅ'인 거지요. 만일 예사+일이 [예사일]처럼 발음된다면 표기는 '예사일'로 해야 하는 거예요.

다시 정리해 볼까요?

한자어와 한자어 사이에는 'ㅅ'을 안 적는 것이 원칙이에요. 여섯 개의 예외만 제외하고요. 그 다음 순우리말과 한자어로 된 합성어는 뒷말의 첫소리가 된소리로 안 나거나 덧나는 소리가 없는 경우에는 사이시옷을 적지 않습니다. 거꾸로 뒷말의 첫소리가 된소리로 나거나 'ㄴ'이 덧나면 사이시옷을 적어야 하는 거지요.

그러면 마지막으로 질문 하나 할게요. 위의 정리에 주목하면서 답해 보세요. '차+종', '차+잔'은 사이시옷을 넣어 표기할까요?

발음부터 확인해 봅시다. '차+잔'은 [차짠/찯짠]으로 '차+종'은 [차쫑/찯쫑]으로 소리 납니다. 된소리가 발견되니까 당연히 찻잔, 찻종으로 적는다고요. 답은 맞습니다. 하지만 답이 맞았다고 거기서 그치면 안 됩니다. 중요한 것을 놓칠 수도 있으니까요. 이 원칙은 한자어와 우리말의 결합에서 적용되는 거예요. 위 단어들에서 '잔(盞)', '종(鍾)'은 한자입니다. 그럼 차가 우리말인가요? '차(茶)'잖아요. 이 말이 한자어와 한자어라면 여섯 개의 예외 속에 포함되어야 하는데 '찻잔, 찻종'은 거기에 들어 있지 않습니다. 어찌된 일일까요?

여기서 이상한 질문을 할게요. '붓'은 우리말인가요? 붓 필(筆)이니 우리말이라고요? 이 말은 맞기도 하고 틀리기도 합니다. 먼저 붓이라는 것이 원래 우리나라 물건일 리가 없잖아요. 중국에서 들어온 것이지요. 처음 붓이 들어올 때 물건이 먼저 그 이름과 함께 들어오고 나중에 문자가 들어온 거예요. 이런 경우에 '붓'은 우리말처럼 인식되고 '필'은 한자어로 생각됩니다. 차 역시 마찬가지예요. '차(茶)'는 '차'라고 읽히는 경우도 있지만 '다도(茶道)'처럼 '다'로 읽히는 경우가 더 많습니다. 그래서 '차'가 우리말화되었다고 생각한답니다. 그래서 '찻잔, 찻종'이 맞춤법에 맞는 표기인 거지요.

텔레비전 vs *텔레비젼

출판사의 편집자들은 외래어를 적을 때마다 깊은 고민에 빠진다고 해요. 우리말이 아닌 것을 우리말로 적는 것은 어려운 일이니까요. 그럴 때면 국립국어원의 '외래어 표기법' 항목을 참조하면 도움이 된답니다. '외래어 표기법'은 외국에서 온 말을 우리말로 어떻게 적어야 하는가를 알려주거든요.

그런데 이제 외래어를 표기하는 일이 단지 편집자들의 문제가 아니게 되었어요. 우리 주변에는 외국에서 온 것들이 넘쳐나니까요. 원래 외국에서 물건이 들어오면 언어와 함께 그 물건이 두루 쓰이면서 그 지역의 말처럼 쓰이는 것이 언어의 원리이거든요. '구두, 담배, 냄비, 빵' 등과 같은 말들은 더 이상 우리말이 아니라는 생각이 들지 않을 정도로 우리말화되었지요. 그런데 급변하는 현대사회에서는 그럴 틈이 없는 경우가 많아졌어요. 게다가 그 수가 너무 많아 일일이 우리말로 바꾸는 것도 쉽지 않아졌고요. 그래서 아래와 같이 들어온 말 자체를 우리말로 표기해 그대로 사용하는 것들도 상당히 많습니다.

- *텔레비젼, *쥬스, *아마츄어, *벤쳐, *비젼

그런데 위의 표기는 모두 틀렸답니다. 여러분께 이미 말씀드렸어요. 위의 단어 다섯 개의 맞춤법을 틀렸다고 여러분이 다섯 개나 모르는 것이 아니라고요. 이 다섯 개를 모두 틀리는 분들은 한 개의 맞춤법 유형을 모르시는 거예요. 이들 중 몇 개는 맞고 몇 개는 틀리는 경우가 더 우려됩니다. 일관성 없이 틀리는 것이니까요. 모두 틀리든 몇 개 틀리든 간에 위의 유형들을 제대로 익히기 위해서는 원리를 배워야 합니다. 원리에 접근하는 방법을 익혀 볼까요? 먼저 옳은 표현을 살펴봅시다. 위의 것들은 모두 아래와 같이 적어야 합니다.

- 텔레비전, 주스, 아마추어, 벤처, 비전

어디에서 오류가 발생했나요? 틀린 부분에 주목해 볼까요?

- 젼 → 전, 쥬 → 주, 츄 → 추, 쳐 → 처

이들의 공통점이 보이시나요? 모두 'ㅈ'과 'ㅊ'에 관계된 것들이 네요. 그렇다면 'ㅉ'도 이들 예와 관련될 가능성이 높겠지요. 'ㅈ, ㅉ, ㅊ'는 하나의 부류로 묶여 함께 행동하거든요. 'ㅈ, ㅊ' 이외의 공통점을 발견해 보세요. 모음 'ㅕ, ㅠ'와 관련되어 있네요. 그렇다 면 'ㅑ, ㅕ, ㅛ, ㅠ'에 모두 관련될 가능성이 높겠네요. 'ㅑ, ㅕ, ㅠ, ㅛ' 역시 하나의 부류로 묶여 함께 행동하니까요.

그러면 위의 것들은 'ㅈ, ㅉ, ㅊ' 뒤에 'y'로 시작하는 이중모음을 쓰지 않는다는 것을 말해 주는군요.

- 쟈, 져, 죠, 쥬 → 자, 저, 조, 주
- 쨔, 쪄, 쬬, 쮸 → 짜, 쩌, 쪼, 쭈
- 챠, 쳐, 쵸, 츄 → 차, 처, 초, 추

여기서 화를 내실 시점이 왔네요. 우리말을 표기할 때는 아래처 럼 'ㅈ, ㅉ, ㅊ' 뒤에 이중모음을 적으면서 외래어 표기에서만 왜 그 것을 허용하지 않는가 하고요.

- 지- + -어 → 져[저]
- 가지- + -어 → 가져[가저]
- 다치- + -어 → 다쳐[다처]

- 마치- + -어 ⟶ 마쳐[마처]
- 찌- + -어 ⟶ 쪄[쩌]

실제로 우리말 표기에서는 '져, 쳐, 쪄'와 같은 표기가 나타납니다. 그런데요. 이들의 발음은 어떨까요? 위에 보인 대로 '져, 쳐, 쪄'는 [저, 처, 쩌]로 소리 난답니다. 표기 그대로 소리 난다고 생각하시는 분들은 문자의 환영에 빠져 있으신 거예요. 위의 예들은 어떤 경우에도 표기한 대로 소리 나지 않는답니다. 현대국어에서 'ㅈ, ㅊ, ㅉ' 뒤에 오는 'y'를 소리 내는 게 어려운 일이거든요.

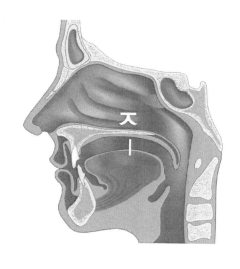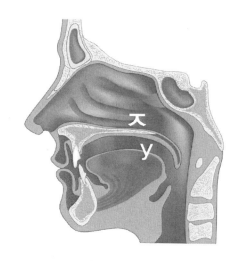

위 그림을 보세요. 국어에서 'ㅈ, ㅉ, ㅊ'이 소리 나는 위치는 같다고 했지요. 그런데 모음 'ㅣ'와 'ㅈ, ㅉ, ㅊ'이 소리 나는 위치도 같답니다. 여기서 'ㅣ'와 'y'가 소리값이 같다고 했었잖아요. 그러니 'ㅈ, ㅉ, ㅊ'과 'y' 역시 소리 나는 위치가 같은 거지요. 그런데다가 'ㅣ'와 달리 'y'는 자음의 성격까지 가지고 있어요. 동일한 위치에서 자음의 성격을 갖는 두 요소가 연결되기 어려워서 'y'가 탈락하는 것이에요. 그리고 이 현상은 현대국어에서는 아주 일반적이어서 예외가 없어요. 그러니 '쟈, 져, 죠, 쥬'는 [자, 저, 조, 주]로 소리 나는 것이지요. 일단 외래어를 아래와 같이 표기하는 것은 해결되었네요.

- 텔레비전, 주스, 아마추어, 벤처, 비전

이 원리에 따르면 맛보기 광고를 의미하는 'teaser'은 어떻게 써야 할까요? 네, '티저'입니다. 이 역시 '티져'라고 써 봤자 [티저]라고밖에 소리 내지 못하니까요.

이제 마지막 문제가 남았습니다. 우리말의 '져, 가져, 다쳐, 쪄'와 같은 예들은 왜 표기에 이중모음으로 적는 것일까요? 그것은 의미와 관련되어 있습니다. 앞서 보았던 것을 옮겨 볼까요?

- 지- + -어 → 져[저]
- 가지- + -어 → 가져[가저]
- 다치- + -어 → 다쳐[다처]
- 마치- + -어 → 마쳐[마처]
- 찌- + -어 → 쪄[쩌]

무엇과 무엇이 합해진 것인지에 주목해 주세요. 'ㅣ'로 끝나는 동사에 '-어'라는 어미가 붙었잖아요. 이 둘이 결합되었다는 것을 표기에 반영해 주는 것이지요. 그래야 의미 파악이 쉽거든요. 아래와 같이 썼다고 생각해 보세요.

- 한 번 지는 것은 괜찮아. 이번에는 *저(→져) 줘라.

위의 말에서 앞의 '지는'의 '지-'와 뒤의 '*저(→져)'는 같은 의미의 동사이잖아요. 그런데 앞의 경우는 'ㅣ'를 밝혀 적고 뒤의 표기에는 'ㅣ'가 없으면 이들이 같은 동사라는 것을 확인하기 어렵답니다. 국어에서 'ㅣ'가 탈락하는 것이 일반적인 예도 아니지요. 그래서 'ㅣㅓ'가 합해졌다는 것을 밝히기 위해 'ㅕ'를 적어 주는 것이에요. 그래야 의미 파악이 쉬우니까요.

삼가다 vs *삼가하다

국어에서 '-하다'는 아주 힘이 센 접미사입니다. 이 말에서 두 가지 의문점을 표하셔야 합니다. 하나는 왜 '하다'라고 적지 않고 '-하다'라고 적었는가라는 질문입니다. 이것은 '-하다'라고 적으면 앞에 뭔가 온다 정도로 이해하는 것과는 다른 차원의 질문이에요. '하다'라는 것과 별개로 '-하다'가 존재하는가를 묻는 질문이니까요. 두 번째는 '힘이 세다'는 것은 도대체 어떤 의미인가 하는 질문이에요.

혹시 접미사가 떠오른 분도 있으신가요? 상당한 국어 실력을 지녔다고 칭찬해 드리고 싶어요. 사실 앞서 '하다'와 별개의 '-하다'가 존재하는가에 대한 질문이 접미사를 이해하고 있는가에 대한 물음이거든요.

그러면 먼저 접미사와 '-하다'의 문제부터 해결해야 하겠군요. 국어에는 세 개의 '하다'가 있습니다.

- 오늘은 <u>할</u> 일이 너무 많다.
- 오늘은 <u>공부할</u> 것이 너무 많다.
- <u>하고한</u> 날 공부만 하나?

위에서 마지막의 '하다'는 '많다'의 옛말이에요. 현대에는 거의 쓰이지 않고 '하고하다' 등의 형태로만 남아 있지요. 위 문장에서처럼 '많고 많은'을 가리키는 관용구로 주로 쓰여요. 그러니 우리가 관심을 두는 '-하다'와는 관련된 것이 아니지요. 그러면 '하다'와 '-하다'는 뭐가 다른 것일까요? '-하다'는 접미사입니다. '접(接)'은 '붙는다'는 말이고 '미(尾)'는 꼬리이니 어떤 말의 끝에 붙는 말이라는 뜻이겠네요. 하지만 이 뜻만으로는 접미사라는 말을 이해할 수 없어요. 접사는 언어에서 중요한 역할을 하는 단위랍니다. 단어에 붙어서 새로운 단어를 만드는 역할을 하거든요. 접미사(接尾辭)는 단어의 끝에 붙어서 새로운 단어를 만드는 요소인 거지요.

그렇다면 '-하다'는 다른 단어에 붙어서 새로운 단어를 만들어 내는 요소이겠네요. 예를 몇 개 들어 보면 금방 알 수 있어요.

- 노래하다, 주정하다, 사색하다, 정숙하다, 마련하다

이 '-하다'는 명사 뒤에 붙어서 동사나 형용사를 만드는 역할을 한답니다. 그러니 그냥 '하다'와는 다른 말이지요.

그렇다면 접미사가 힘이 세다는 것은 어떤 의미일까요? 접사가 힘이 세다는 것은 단어를 만들어 내는 양이 많다는 것을 의미해요. 접미사 중에는 몇몇 단어만을 만들어 내는 것들도 있어요. 그런 것은 힘이 약한 접미사이지요. 국어학에서는 이런 걸 생산성이라 표현해요. '-하다'가 단어를 많이 만들어 내면 생산성이 높다고 말하는 거지요.

그렇다면 우리는 왜 '-하다'가 접미사라는 점을 말하고 이것이 생산성이 높다는 말을 하는 것일까요? 이 '-하다'가 힘이 세다 보니 '-하다'가 붙으면 안 되는 위치에까지 붙는 일이 생겼다는 말을 하기 위해서예요. 아래의 예를 보세요.

- *삼가하다
- *기반하다
- *염두하다

위의 세 단어들은 모두 틀린 말입니다. 먼저 '*삼가하다'부터 볼까요? '-하다'는 명사 뒤에 붙는 접미사라 했지요? 그런데 '*삼가하다' 안의 '삼가'는 명사가 아니랍니다. '삼가다' 자체가 동사예요.

그러니 굳이 '-하다'라는 접미사가 붙어서 동사가 될 필요가 없는 거죠. 그런데도 '-하다'가 붙은 동사, 형용사들이 워낙 많다 보니 원래 동사인 것들에 '-하다'를 덧붙이는 경우가 생기게 된 것이지요. 하지만 '삼가다'는 온전한 의미를 가지고 살아 있는 단어이니 그 자율권을 보장해 주는 것이 좋겠지요.

다음 '기반'과 '염두'는 '삼가다'와는 좀 다릅니다. 두 단어 모두 명사이니까요. 이때 '-하다'를 붙여 만든 동사는 반드시 '명사에 해당하는 행동을 하다'라는 의미를 가져야 합니다. 아래의 예가 대표적이지요.

- 노래하다, 조사하다, 검토하다, 사색하다, 수락하다, 허용하다, 산책하다, 사랑하다, 공부하다, 요리하다, 청소하다, 생각하다, 운동하다

그런데 '염두'나 '기반'은 행동을 유발하는 명사가 아닙니다. 따라서 '기반하다, 염두하다'와 같은 단어들이 생산되지 않은 거지요. '염두'나 '기반'이라는 단어는 주로 아래의 용법으로 쓰입니다.

- 기반을 두다, 기반으로 삼다
- 염두에 두다, 염두에 없다

문제는 우리들의 문서에 '*기반하다, *염두하다'라는 단어들이 자

주 등장하고 있다는 점입니다. 아직은 아니지만 아주 오랜 후에는 '기반하다, 염두하다'와 같은 단어들이 '기반을 두다'나 '염두에 두다'의 의미로 사용될지도 몰라요. '-하다'가 힘이 센 상태로 지속된다면 말이지요. 하지만 그게 언제일지 그리고 어떻게 될지는 아무도 몰라요. 언어의 변화는 원래 예측할 수 없는 거니까요.

3장

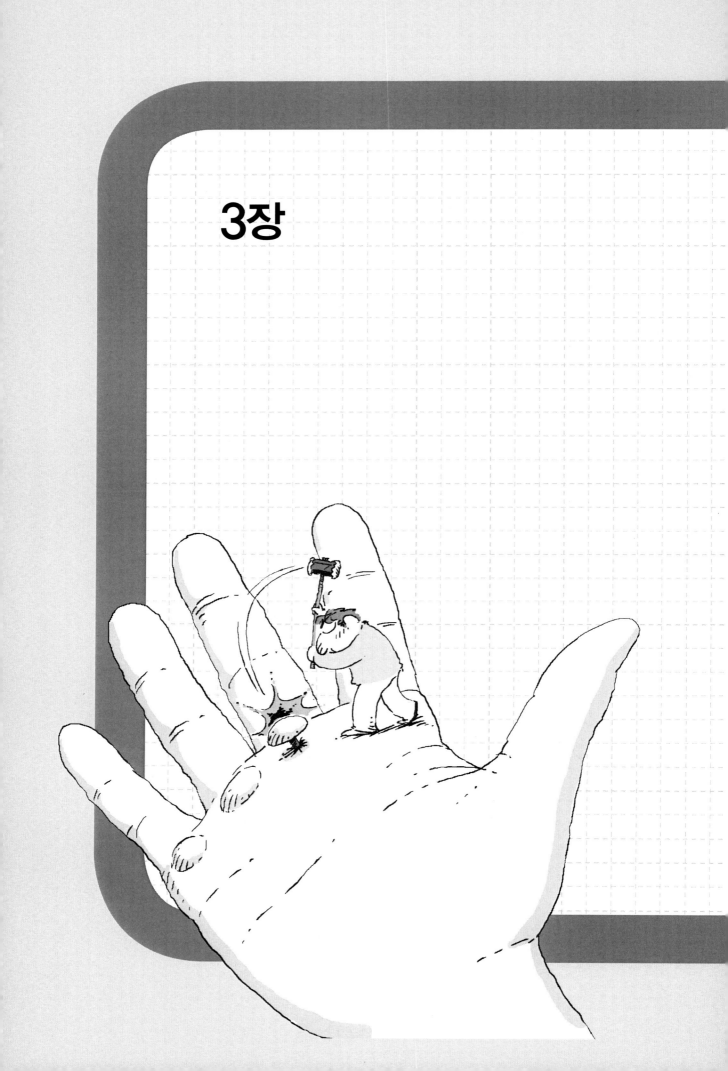

의미에 따라
달라지는 우리말

우리는 우리가 쓰는 어휘가 풍부하기를 바랍니다. 그러면서 맞춤법은 간단하기를 바라지요. 어휘가 풍부해지면 뭐가 좋은가요? 우리가 쓰는 글 속의 내용이 더 정확해질 수 있습니다. 가끔 제 딸에게 오늘 기분이 어떠냐고 물을 때가 있거든요. 대개 이런 답이 돌아옵니다.

- …….
- 좋아.
- 그냥.
- 나쁘지 않아.
- 그럭저럭.

우리 딸의 상황은 그때 그때 다른데 이 몇 마디의 말로 그 무수한 상황들을 표현하고 있는 거예요. 이는 단지 우리 딸의 문제만은 아닌 듯해요. '*짱'이나 '*즐'과 같은 한마디로 자신의 상태를 표현하고 있는 아이들도 많다고 하네요. 그런 단어를 쓴다는 것 자체는 문제가 아닐 수 있어요. 수없이 다양한 상황을 이들 몇 마디로 표현하는 것이 경제적이기는 할 거예요. 짧은 한 마디로 모든 감정의 설명이 해결되니까요.

하지만 다른 방면에서는 효과적이지 않을 수 있어요. '즐'이라는 단어를 한번 살펴볼까요.

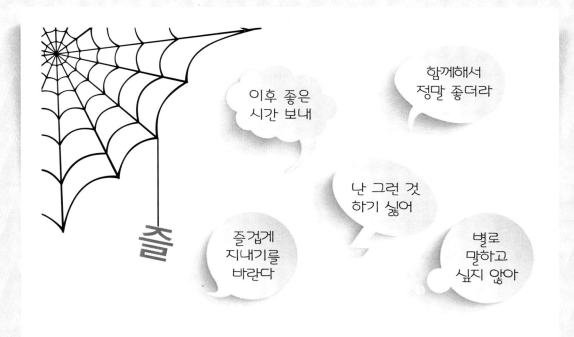

　아이들은 이 단어를 즐거울 때나 슬플 때나 좋을 때나 싫을 때나 상관없이 사용합니다. 문제는 자신의 상태가 '즐'이라는 단어 하나로 단순화할 만큼 간단한가에 있어요. 우리는 언제든 꼭 같은 상황에 놓여 있을 수는 없어요. 동일한 상황이라고 생각하는 그 순간조차도 사실은 다르잖아요. 그 다름을 느끼는 것 자체도 쉬운 일은 아닙니다. 저는 그런 순간에 대해 생각하고 표현하여야 자신에 대해 더 잘 알 수 있게 된다고 생각합니다.

　어휘가 풍부해지면 각각의 상황이 다르다는 것을 더 잘 나타낼 수 있겠지요. 그리고 그 다른 상황 속에서 자신의 감정이나 욕구가 다르다는 것도 이해할 수 있어요. 이것은 어휘가 풍부해지면 스스로의 상황을 자신이 더 잘 알 수 있게 된다는 것을 의미해요. 자신을 잘 알아야 더 잘 표현할 수 있으니까요.

그러면 맞춤법은 간단하기를 바란다는 지점으로 돌아가기로 하지요. 맞춤법이 간단해지기를 원하는 것은 우리의 언어가 간단해지기를 바라는 마음과 관련됩니다.

- 너머 vs 넘어

위 두 단어는 구별해서 써야 합니다. 왜요? 두 단어가 가리키는 것이 다르기 때문입니다. 언어는 점점 더 많은 것을 명확히 구분하려는 생각에서 분화되었습니다. 특히 어휘는 더 그렇지요. 그리고 원래 같은 어원을 가졌던 말들은 비슷한 모양을 하게 됩니다. 우리가 맞춤법이 간단해지기를 원해서 이들을 똑같이 쓰려 한다면 결국 의미가 분화되어 더 정확히 많은 것을 표현하려는 생각을 포기하는 것과 같은 게 아닐까요?

저는 여러분이 어휘를 함께 생각하길 바랍니다. 단어는 혼자 있는 게 아니니까요. 그리고 비슷해 보이는 단어들에 더 관심을 가지시길 바랍니다. 이들이 무엇을 정확하고 풍부하게 표현하려고 달라진 것인가에 집중하면 더 좋겠지요.

그래서 이 장에서는 비슷하지만 의미를 구별해야 하는 말들을 다룰 것입니다. 조금은 복잡하지만 그래서 오히려 더 정확히 표현할 수 있는 힘을 얻게 되기를 바라면서요.

있다가 vs 이따가

'있다가'와 '이따가'는 발음이 같아요. 이 말을 의아하게 생각하는 분이 있을 거예요. 이런 분은 말보다 글에 익숙한 거예요. 그리고 말보다 글에 익숙한 분들은 생각보다 많답니다. 발음을 그대로 적어 볼까요?

- 있다가[이따가/읻따가]
- 이따가[이따가]

위에서 '있다가'를 [이따가]로 발음하는 것이 이상하시지요? 그러면 다른 것을 생각해 보세요. 바닷가를 발음해 볼까요? 이때 단어 하나를 소리 내지 마세요. 단어 하나를 발음할 때는 실제 발음과 달라지는 경우가 많아요. 문장 안에서 발음되는 해당 단어의 소리에 귀 기울이시는 거예요. 이 방법은 아주 유용합니다. 맞춤법이 표준어를 소리 나는 대로 적는 것이니 여러분이 소리를 정확히 이해하면 맞춤법이 더 쉬워지거든요. 발음해 볼까요?

• 강릉 경포대의 바닷가에는 해송이 많다.
  → [바닫까/바다까]

표준발음법에서는 이 둘을 모두 인정한답니다. '바닷가'처럼 '있다가'도 [읻따가/이따가]로 소리 납니다. 적용된 규칙이 같거든요.

┌→ 된소리되기 현상 • 바닷가[바닫까] └→ 음절의 끝소리 현상	된소리되기 현상←┐ • 있다가[읻따가] └→ 음절의 　끝소리 현상

'있다가'와 '이따가'가 발음이 같으니 당연히 혼동되겠지요. 더구나 둘 모두 표준어예요. 이 말은 두 단어의 의미가 다르니 정확히 구분하여 적어야 한다는 것을 의미하겠네요. '있다가'는 '있다'라는 단어와 통한답니다. '있-' 에 '-다가'가 붙은 말로 '없다가'의

반대예요. 예를 볼까요?

- 아내가 있다가 없으니 조금 허전하다.

  ↕

- 아내가 없다가 있으니 몹시 답답하다.

'이따가'는 이와는 다른 말입니다. 이 단어에는 시간의 의미가 들어 있거든요. 아래 문장과 비교해 보세요.

- 아내와 이따가 만나기로 했다.
  → 아내와 조금 후에 만나기로 했다.

문장을 보면서 의미를 추측해 보세요. 의미를 추측하는 가장 쉬운 방법은 다른 단어로 바꿔 보는 거예요. '이따가'는 '조금 후'라는 의미의 부사이지요. 서술어를 꾸미잖아요. 반면 '있다가'는 문장의 서술어로 쓰여요. 문장을 하나 만들어 보지요. 아무도 이런 문장을 사용할 것 같지는 않지만 이 문장은 둘의 차이를 잘 나타내 주거든요.

- 영수는   여기   있다가   이따가   와라.
  ↳ 주어   ↳ 서술어 ↳ 부사어 ↳ 서술어

'있다가'가 영수라는 주어와 만나는 것이 보이시지요? 하지만 '이따가'는 주어를 갖지 못해요. 대신 뒤에 오는 서술어인 '와라'를 꾸민다는 것을 알 수 있어요. 두 단어가 품사도 다르고 의미도 다르네요. 그러니 구분해 쓰는 것이 당연하지요.

'이따가'에 '시간의 의미'가 들어 있다는 점을 기억하면 '있다가'와 구분하기 쉬워져요. 여기서 나올 수 있는 질문이 두 가지 있습니다. 무엇일까요? 질문에도 연습이 필요하다 했었지요. 질문을 한다는 것은 관련된 것을 생각해 낼 수 있다는 뜻이에요. 이제 떠오르셨나요?

둘 중 쉬운 것은 '이따'는 뭔가 하는 질문이에요. 아래 예문을 통해 '있다'와 '이따'의 관계를 알아봅시다.

- 영수가 여기 있다.
- 이따 여기로 와라.

'이따'는 '이따가'와 같은 의미의 부사예요. '있다'는 동사이고요. 여기서 이런 말을 하는 분이 있었으면 좋겠네요. "위의 설명을 이해했는데도 정말 혼동돼요" 하는 말이요. 원리를 이해했는데도 혼동되는 이유는 두 단어가 어원적으로 가깝기 때문이지요.

'너머'와 '넘어'를 생각해 보세요. 둘 역시 발음이 같아서 많이 헷갈리는 단어이지요. 그런데 '산을 넘다'에서 '넘다'라는 행동의 의미를 갖는 것은 '넘어'예요. '너머'에는 행동이 들어 있지 않아요.

'너머'는 '넘어'에서 왔지만 어원에서 멀어진 거지요.

- 나는 저 산을 <u>넘어</u> 왔다.
- 산 <u>너머</u>에 무엇이 있는지 궁금하지 않아.

마찬가지로 '이따가'나 '이따'는 '있다'로부터 온 단어예요. 그런데 어원에서 멀어져 새로운 의미를 가졌으니 소리 나는 대로 표기하는 것이랍니다.

장사 vs 장수

'장사'가 맞나요? '장수'가 맞나요? 이 둘이 다르다는 걸 생각지 못한 분들도 있을 수 있지요. 그 생각을 못했다고요? 괜찮습니다. 사실 이 질문 자체가 이상한 물음입니다. 뭐가 문제냐고요. 이를 알기 위해 문제를 풀어 보기로 해요. 아래 두 문장 중 옳은 것은 뭔가요?

- 집 앞 모퉁이에 사과 <u>장수</u>가 나타났다.
- 집 앞 모퉁이에 사과 <u>장사</u>가 나타났다.

앞의 문장이 맞습니다. 그러면 '장수'가 맞는 것인가요? 맞춤법을 배울 때 우리가 갖는 가장 큰 문제가 이것입니다. 이 문제만을 보고 무조건 '장사'는 틀리고, '장수'는 맞다고 생각하는 거예요. 그러고는 '장수가 맞다'고 외워 버리지요. 하지만 인생이 그렇게 쉽고 간단한 것만은 아니에요. 아래 문장을 볼까요?

- 집 앞 모퉁이에 사과 장수가 시작된다.
- 집 앞 모퉁이에 사과 장사가 시작된다.

이렇게 보면 '장사'가 맞는 것 같네요. '장사'라는 단어도 있고 '장수'라는 단어도 있는 거지요. 이것은 옳고 그름의 문제가 아니라 어떻게 다른가의 문제입니다. 그러니 적절한 답을 얻고 싶으면 '장사'와 '장수'는 어떻게 다른가에 주목해야 합니다. 차이의 문제를 정답과 오답의 문제로 접근하면 해결할 수 없거든요.

그러면 '장수'와 '장사'는 어떤 차이가 있을까요. 일단 단어의 모양이 다르니 뜻이 달라질 가능성이 높겠지요. 앞서 본 두 예시의 차이에 주목해 보세요. '나타나다'라는 동사가 '시작되다'로 바뀌었네요. 이렇게 바뀌면 뭐가 달라지나요? 생각하기 어려우면 예문을 만들어 보세요.

- 김남미가 나타났다. (○)
- 김남미가 시작된다. (×)

'나타나다' 동사 앞에는 사람이 올 수 있지만 '시작되다' 앞에는 사람이 올 수 없어요. 이를 '장사'와 '장수'에 적용해 정리해 볼까요? '생선 장수'는 생선을 파는 사람입니다. '생선 장사'는 생선을 파는 행동이지요. 즉 장수는 '장사를 하는 사람'인 거예요.

이때 누군가가 이런 질문을 했으면 좋겠어요. '천하장사'는 사람인데도 '장수'가 아니고 '장사'인데요? 아주 좋은 질문입니다. 관련된 반례들을 자꾸 생각해야 언어 공부가 늘거든요. 이 질문을 한 사람은 자신의 질문을 들여다보면서 문제를 발견하게 되고 그 덕에 더욱 발전하게 됩니다.

문제를 발견해 보세요. 앞서 본 '장사', '장수'는 모두 '사고팔다'와 관련된 의미를 지니고 있었잖아요. 즉 '상인(장수), 상업(장사)'의 관계였던 거지요. 그럼 천하장사는 상업이나 상인과 관련된 단어인가요? 그렇지 않지요. 전혀 다른 쓰임의 단어예요. 장사는 한자어입니다.

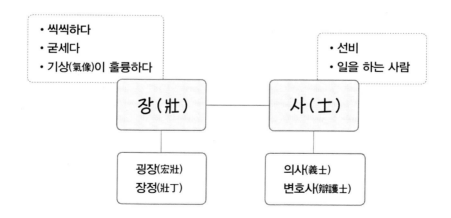

• 씩씩하다
• 굳세다
• 기상(氣像)이 훌륭하다

• 선비
• 일을 하는 사람

장(壯) ─── 사(士)

굉장(宏壯)
장정(壯丁)

의사(義士)
변호사(辯護士)

물론 '장수(長壽)'라는 한자어도 있습니다. "무병장수하세요"라고 말할 때 그 단어 맞습니다.

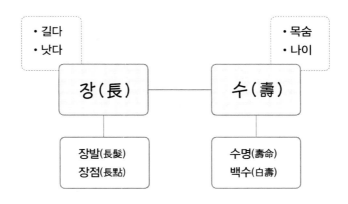

마지막으로 군사를 거느리는 우두머리라는 뜻의 '장수(將帥)'도 있습니다. 이 단어 역시 자주 쓰이는 말이지요.

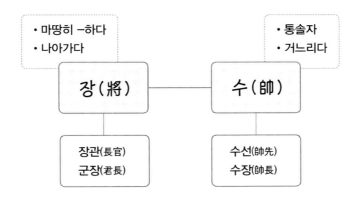

그런데 여러분이 '장사(壯士)'와 '장수(長壽), 장수(將帥)'를 혼돈하지는 않잖아요. '장사(상업) : 장수(상인)'은 헷갈리는 데 말이지

요. 그것은 이 두 단어가 같은 상황 속에서 쓰이기 때문이에요. 공통점을 가진 것들이 구분하기가 더 어렵습니다. 그러면 어떻게 해야 하지요? 공통점을 가진 것들을 묶고 이들 사이의 차이를 구분하는 연습을 하면 됩니다. 복잡한 것은 일부러 모아서 구분해 두어야만 헷갈리지 않거든요.

아래 단어들은 '장사'가 '상업'을 가리킨다는 것을 잘 보여주는 것들이에요.

- 장사하다: *장수하다
- 장사치: *장수치
- 장사꾼: *장수꾼

띄어쓰기

사과 장수, 사과 장사

위의 단어들은 아직 하나의 단어가 된 것이 아니기 때문에 띄어 적어야 합니다.

띠다 vs 띄우다 vs 떼다

'띄다'와 '떼다'는 발음으로 구분하기 어렵습니다. 이중모음 'ㅢ'는 'ㅣ'로 발음되는 일이 많거든요. 특히 'ㅢ' 앞에 자음이 있을 때는 'ㅣ'로 발음되는 것이 일반적입니다. 그러니 이 둘을 구분하기 위해서는 '띄다'와 '떼다'의 표기 차이를 나타내는 'ㅡ'의 정체가 중요하겠네요.

'띄다'와 '떼다'의 차이를 알려면 '뜨다'가 무엇인지를 알아야 해요 먼저 '뜨다'를 통해 '띄다'를 배우고 그 다음에 '떼다'와 비교해 보기로 하지요.

'뜨다'의 의미는 크게 세 가지로 나눌 수 있어요. 가장 쉬운 '뜨다'부터 볼까요?

116

- 아침에 눈을 뜨다.

'뜨다'의 가장 대표적인 의미가 '눈을 뜨다'입니다. '띄다'의 대표적 의미도 이 단어에서 나왔지요.

- 뜨다: 스스로 눈을 여는 것
- 띄다(뜨이다): 다른 어떤 것에 의해 눈이 열리는 것

'뜨이다' 속에 들어 있는 'ㅣ'는 다른 것에 의해 당한다는 의미를 나타내기 위해 결합된 거예요. 이런 동사를 한자로 피동사라고 하지요. 여기서 '피(被)'는 '피해(被害)'할 때의 '피'입니다. '보다'와 '보이다'의 관계가 '뜨다'와 '뜨이다'의 관계라 생각하시면 됩니다. 그리고 이 '뜨이다'의 준말이 '띄다'이고요. '뜨이다'로 쓰시면 '띠다'와 덜 혼동될 수도 있겠네요.

이 '띄다'는 '보이다'의 의미로 자주 쓰입니다.

- 김남미 책에 오타가 눈에 띈다.

    ⟶ 오타가 보이다

- 그의 미모는 눈에 띈다.

    ⟶ 미모가 탁월하다

- 그 이야기에 귀가 번쩍 띈다.

    ⟶ 두드러지다

이 단어는 다른 것보다 탁월함을 나타내기도 하지요. 또 듣는 것으로까지 확장되어 쓰이기도 한답니다. '보이다'의 의미인 '띄다'는 다른 '띄다'보다는 상대적으로 의미 파악이 쉽답니다. 그러면 두 번째 '뜨다'를 볼까요? 이런 문장을 본 적이 있나요?

- 듬성듬성 심어서 간격이 뜬다.

'뜨다'의 두 번째 의미는 첫 번째나 뒤에서 볼 세 번째에 비해서 사용 빈도가 좀 떨어지기 때문에 낯설 수 있어요. '공간적으로 거리가 멂'을 가리키거나 '시간적으로 간격이 벌어지다'는 의미로 쓰입니다. 이 '뜨다'로부터 온 '띄다'가 제일 어려우니 주목하셔야 해요. 왜 그런지 아래 문장을 볼까요?

- 간격을 <u>띄어</u> 심어야지 햇빛을 잘 받는다.
    → 뜨게 하여

앞서 '보이다'라는 의미의 '띄다'에 든 'ㅣ'가 피동의 'ㅣ'라고 했었지요? 위의 'ㅣ'는 피동이 아니에요. 모양은 같지만 다른 뜻입니다. '뜨게 하다'에는 '시키다'의 의미가 들어 있어요. 'ㅣ'의 의미가 그것입니다.

118

- 먹다: 먹이다
    → ~게 하다(시키다)

왕이 외국으로 심부름 시키는 사람을 사신(使臣)이라 하잖아요. 이 '사(使)'자를 써서 '사동'이라 합니다. 국어의 피동과 사동은 좀 어렵습니다. '피동(당하다, ~어지다): 사동(시키다, ~게 하다)'로 정리해 두고, 구별이 필요할 때 예로 확인하는 것이 좋습니다. 아직 안 어려우시다고요. 이제 어려운 얘기를 할게요. 여러분이 '띄다'를 가장 많이 쓸 때가 언제일까요? 지금 이 책에서도 많이 쓰고 있는 말이에요. '띄어쓰기'할 때의 '띄-'가 이 '띄다'이지요.

- 그 말은 띄어 써야지.
- 그 말은 띄워 써야지.

위의 '띄다'와 '띄우다'는 같은 말입니다. 둘 중 어느 것을 사용하여도 좋습니다. 그러면 두 가지 질문이 나오네요. 첫째 '*띄워쓰기'는 안 되고 '띄어쓰기'만 맞는 표기인 이유가 무엇인가 하는 것이겠고요. 둘째는 '띄어'와 '띄워'가 왜 같은 말인가이겠네요.

- 띄엄띄엄 걸어도 황소걸음.
- 너 요새 사람을 띄엄띄엄 본다.

위의 '띄엄띄엄'을 '*띄웜띄웜'과 혼동한 적이 있나요? 그렇지 않지요. '띄엄띄엄'의 '-엄'이 무엇인지 알 수 없다 하더라도 '쉬엄쉬엄'과 같은 단어가 있으니 옛날에는 '엄'을 붙여서 말을 만들었다는 사실을 알 수 있어요. 여기서 '옛날'에 주목하세요. 이 '띄엄띄엄' 속에 '뜨다'가 가진 사동의 질서가 들어 있어요. 원래 이 단어는 '띄우다'가 아니라 '띄다'였다는 것을 보여 주지요. '띄어쓰기'라는 단어 속의 '띄'는 이 질서를 나타냅니다. 그래서 '*띄워쓰기'는 이 질서를 따르지 않는 거고요.

그러면 '띄어 써라'와 '띄워 써라'를 같은 말로 쓰는 것은 어떻게 된 일일까요? 아직 명확히 밝혀지지는 않았어요. 하지만 우리에게 남은 마지막 '뜨다'와 관련될 가능성은 있습니다. 그러면 세 번째 '뜨다'를 볼까요? 이 '뜨다'는 여러분이 잘 아는 거예요.

- 종이배가 물에 잘 뜬다.

이 '뜨다'의 사동 형태를 만들어 볼까요? 배가 뜨게 하다는 의미를 가진 단어를 써 보자는 말이에요.

- 종이배를 물에 <u>띄워라</u>.
  → 뜨게 하다
- 종이배를 물에 *<u>띄어라</u>.

이 단어는 '띄우다'만 되고 '띄다'로는 쓰이지 않아요. '편지를 띄우다' 할 때의 '띄우다'도 이와 마찬가지예요. 이 단어의 재미있는 점은 '이'와 '우'가 모두 쓰였다는 점이에요. '우'도 사동을 나타내거든요.

- 돋다:돋우다(돋게 하다)

이렇게 '이'와 '우'를 모두 써서 사동을 나타내는 동사들이 몇 가지 있어요.

- 쓰다:씌우다
- 차다:채우다
- 뜨다:띄우다

이런 사동들이 많아지면서 '간격을 띄다'도 '띄우다'로 쓰일 수 있게 되었다는 가정이지요. 어쨌든 정리하면 '띄다'의 의미는 두 개예요.

① 보이다
② 간격을 벌리다

그러면 '띠다'는 어떤 의미일까요? 크게 둘로 나뉩니다. 첫 번째는 '띠나 끈 따위를 두르다'예요. '허리띠'의 '띠'가 이 '띠다'에서 나온 거지요. 하지만 그 의미로는 거의 쓰이지 않고 여기서 파생된 의미로 더 많이 쓰여요.

- 중요한 임무를 <u>띠고</u> 있다.

위와 같이 용무나 직책, 사명 등과 어울려 쓰이지요. 두 번째는 색깔이나 감정, 기운 등이 어리는 것을 가리킵니다.

- 언뜻언뜻 흰색 <u>띤</u> 장미.
- 그는 얼굴에 미소를 <u>띠었다</u>.
- 보수적 성격을 <u>띠는</u> 위원.

뜻 자체는 이 '띠다'가 '뜨다'에서 온 '띄다'보다 훨씬 간결하지요? 하지만 동사들은 뒤에 '었/았', '아/어' 등의 어미들이 붙어 다양한 모양을 보일 수 있으니 절대 방심하지 마세요.

박이다 vs 박히다

아래 두 문장 중에서 어떤 것이 더 끔찍한 상황일까요?

- 땅바닥에 총알이 박히다.
- 손바닥에 못이 박히다.

'총알'이라는 말을 보니 위의 문장이 더 끔찍해 보이시지요? 저는 아래 문장이 더 끔찍합니다. '손바닥에 못이 박히다'의 의미는 진짜 못이 손바닥을 뚫고 들어오는 것이거든요. 못이 손에 박히는 생각만으로도 몸서리가 쳐집니다.

• 그 찢어진 손바닥 못 깊이 박히어 피투성이 된 그 손을 볼 때
  (사도행전53 : 3)

성경에서 주로 나오는 문장이지요. 그런데 왜 여러분은 위의 '손바닥에 못이 박히다'라는 문장이 끔찍하게 느껴지지 않았을까요? 그것은 다음의 문장으로 생각하셨기 때문입니다.

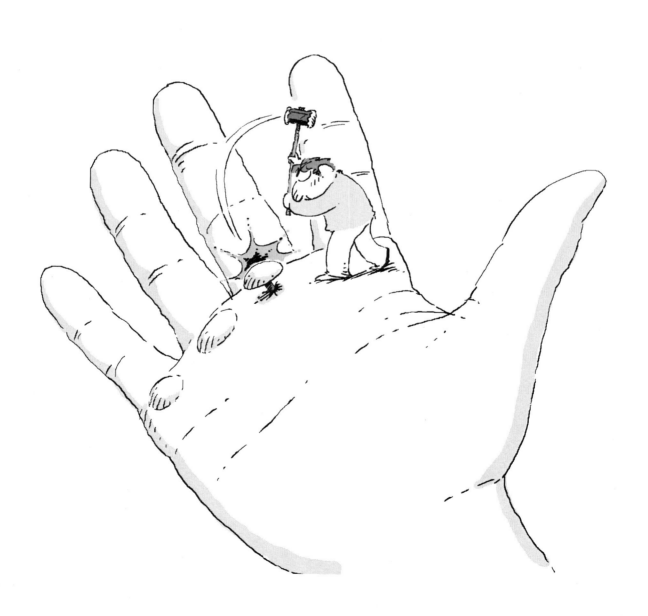

- 손바닥에 못이 박이다.

이 문장은 손바닥에 굳은살이 생기는 것을 가리키는 말입니다. 일을 많이 해서 손바닥이 좀 딱딱해졌다고 큰일이 나는 것은 아니잖아요. 이즈음 되면 '박이다'와 '박히다'를 제대로 구분해 쓰는 것이 중요하다는 생각이 드시지요? 이 둘을 명확하게 구분하고 가기로 해요.

먼저 '박히다'는 '박다'에 '히'가 붙은 말이에요. 먼저 '박다'가 어떤 의미인지부터 보지요.

- 벽에 못을 박다.
- 쐐기를 박다.
- 나사를 박다.

모두 익숙한 말들이지요? 이 문장에 나타난 것처럼 '박다'의 대표적인 의미는 '두들겨 치거나 틀어서 꽂히게 하다'입니다. 그러면 '박히다'는요? 국어에서 '박다', '박히다'처럼 '히'가 들어 있는 단어를 생각해 보세요.

- 먹다 : 먹히다 → 먹음을 당하다(피동)
- 입다 : 입히다 → 입도록 시키다(사동)

이 부분의 어려운 점은 여기 들어 있는 '히'가 다른 뜻이라는 것이에요. 동일한 '히'가 들어 있지만 위의 것은 '당함'의 의미를, 아래의 것은 '시킴'의 의미를 가지고 있네요. 이 둘의 관계가 국어 어휘에서 가장 어려운 사동(시킴)과 피동(당함)이랍니다. 그렇게 걱정하지는 마세요. 여러분은 이런 피동이니 사동이니를 명확히 몰라도 말할 때는 정확하게 구분해서 쓰고 있거든요. 다만 원리를 명확히 모르니까 쓸 때는 혼동되는 거예요.

이왕 여기까지 생각하셨으니 사동과 피동을 조금 더 공부한다고 생각하시면서 '박히다'가 사동인지 피동인지를 구분해 보기로 하지요. 이를 위해서는 문장을 만들어 보는 것이 제일 좋아요.

- 벽에 박힌 못이 너무 많다. 빼자.

못의 입장에서 생각해 보세요. 못은 망치에 의해 박음을 당하는 거잖아요. 그래서 피동입니다.

- 박다 : 박히다 → 박음을 당하다(피동)

이 단어는 못뿐만이 아니라 다른 것에도 사용됩니다. 예를 들어 보지요.

- 화살이 박히다 → 꽂히다

- 활자가 박히다 → 찍히다

   둘 모두 오늘날에 자주 쓰는 표현은 아니에요. 화살을 쏘는 것이 일상적이지 않잖아요. 또 활자를 박는다는 표현 또한 옛날의 인쇄술과 관련된 것이라 낯설게 느껴질 수 있습니다. 하지만 이들 단어 대신 쓸 수 있는 말인 '꽂히다'와 '찍히다'에도 '히'가 있는 것 보이시지요. 이 둘 모두 피동입니다. '꽂다'와 '찍다'에서 온 말이지요.

   하지만 '박이다'는 어디로부터 온 것인지가 명확하지 않아요. '못이 박히다'라는 구절을 비유적으로 쓴 것이 아닌가 하고 묻는 분들이 많습니다. 분명 그럴 수 있을 거예요. 하지만 '못이 박히다'와 '못이 박이다'의 의미 차이가 분명한 것을 앞서 분명히 확인하셨잖아요.

   어원적으로 연관될 가능성은 높지만 현재에 이르러 그 의미 연결이 무엇인지 분명하지 않은 것은 별개의 단어로 취급하는 수밖에 없어요. '손바닥에 박힌 못'은 뺄 수 있지만 '손바닥에 박인 못'은 금방 뺄 수 없잖아요. '손바닥에 박인 못'에서 '못' 자체를 굳은 살로 구분하고 이와 '박이다'를 연결하는 수밖에요.

   이렇게 생각하다 보니 복잡해 보이는 문제가 있네요. 다음 예문을 봅시다.

- 귀에 못이 박히다.
- 귀에 못이 박이다.

어떤 것이 맞을까요? 앞서 논의하던 것과 연결해 볼까요? 일단 '못'을 굳은살로 볼 수는 없을 것 같아요. 손바닥의 못과 거리가 좀 생기네요. 하지만 그렇다고 귀에 못이 진짜 박히는 것은 아니잖아요. 상상하지 마세요. 괴로우니까. 이래저래 결론을 내리기가 어렵지요. 국어학자들도 이런 것은 참 판단하기가 어렵습니다. 그래서 사전마다 다르게 표현되어 있어요. 이런 경우 어떻게 하느냐고요. 시제를 넣어 보기로 해요.

- 귀에 못이 박혔다, 귀에 못이 박히겠다, 귀에 못이 박힌다
- 귀에 못이 *박였다, 귀에 못이 *박이겠다, 귀에 못이 *박인다

그러고는 여러분의 발음에 'ㅋ'이 있는지 없는지를 확인하세요. 문장 전체를 발음하면서 들어야 합니다. 여러분이 [바켰다]라고 발음하셔서 'ㅋ'이 확인된다면 '박혔다'로 적는 것이 맞습니다. 반면 [박였다]로 소리 나면서 'ㄱ'이 확인되지 않는다면 '박였다'로 적는 것이 맞습니다. 어떤가요? 현대의 사람들은 [바키다]라고 발음하는 경우가 월등하게 많습니다. 그래서 '귀에 못이 박히다'로 적기로 한 거지요.

그러면 이제 질문이 하나 남았네요. 앞서 질문하라고 한 적이 없다고요? 맞습니다. 하지만 질문이 생겨야 해요. 질문이 떠오르지 않는 분들은 앞으로 열 줄 정도 올라가서 찾아보세요. '질문'이라는 단어를 찾으라는 의미는 아닌 것 아시지요? 그 즈음에서 의문

128

이 생기셔야 한다는 의미입니다. 의문이 생기셨나요?

　제가 '시제'를 넣어 보자고 했던 것 기억나시지요? 왜 시제를 넣어서 말해 보라고 했을까요? 여러분이 일상에서 쓰는 말로 확인하기 위해서예요. 우리는 편의상 '박히다'라고 하지만 단어의 기본형이 일상에서 그대로 쓰이는 경우는 별로 없습니다. 문장 속에 나타날 때는 시제와 함께 쓰이는 것이 일반적이지요. 그러니 일상의 원래 발음을 확인하려면 시제를 넣어 보는 것이 더 좋답니다. 그래야 여러분이 직접 사용하는 진짜 언어를 확인할 수 있거든요.

가늘다 vs 얇다

몸매가 좋은 것이 미덕인 세상이 되었어요. 요새는 타고난 것보다 꾸준한 자기 관리를 통해 몸매를 유지하는 것을 높이 평가하는 사람이 많아졌더라고요. 그래서 이런 말들이 나오나 봐요.

• 그녀는 그렇게 걸어 다니는데도 정말 다리가 *얇다.

저는 이 여인이 전혀 부럽지가 않답니다. 누군가 '*얇은 다리'를 가졌다면 정말 심각한 일입니다. 병원에서도 해결하기가 쉽지 않다고요. 왜 그런지 '얇다'의 쓰임을 보면 알 수 있어요.

- 옷이 얇다.
- 고기를 얇게 저미다.
- 얼음이 얇게 얼었다.

위의 표현을 주목해 보세요. 이 밖에 '종이, 봉투, 껍질, 판자'와 같은 것들을 주어로 쓸 수 있어요. 이들의 공통점은 무엇인가요? 모두 '두께'에 대해서 말하는 것들입니다. 두께라는 말을 분명히 알고 있는데도 여기서 보니 다소 낯설지요. 우리가 알고 있는 것을 낯설게 보아야 좀 더 본질에 다가갈 수 있는 경우가 많아요. 두께가 낯설다면, '얇다'의 반대말을 생각해 보세요. '두껍다'이지요. 쉽게 떠오르지 않으면 앞선 문장들로 반대 상황을 만들어 보세요.

- 옷이 두껍다.
- 고기를 두껍게 저미다.
- 얼음이 두껍게 얼었다.

이 문장들의 짝을 보니 '얇다 ⇔ 두껍다'의 차이가 보이시지요. 단어는 혼자 있지 않다고 말씀드렸었잖아요. 단어와 단어의 관계를 보아야 어휘가 풍성해지지요. '두께'는 '두껍다'의 명사입니다. '얇다'와 마찬가지로 '종이, 봉투, 껍질, 판자'와 같은 것들을 주어로 쓸 수 있어요.

그렇다면 '종이, 봉투, 껍질, 판자, 옷, 저민 고기, 얼음' 등의 공통점이 뭔가요? 이런 고민이 중요합니다. 이걸 생각하지 않고 사전만 찾아보기 때문에 어휘 구분이 어려워지거든요.

이것들은 대체로 바닥에 놓았을 때 일정한 높이를 가지는 것들이에요. 그렇다면 이를 아까 '다리가 *얇은 여인네'에게 적용해 보세요. 다리가 고기나 판자처럼 일정한 두께를 가진 것인가요?

이제 왜 '다리가 *얇은 여인네'가 부럽지 않은지 아시겠지요. 단어의 뜻을 알고 싶을 때는 이와 관련된 다른 단어를 떠올려야 하고 그래도 뜻 구별이 쉽지 않다면 실제 사용 예를 생각하셔야 한답니다.

그러면 앞서 본 '다리가 *얇은 여인네'는 어떻게 표현해야 할까요?

• 그녀는 그렇게 걸어 다니는데도 정말 다리가 가늘다.

어때요. 조금 부러워졌지요? 그렇다면 '가늘다'라는 단어의 반대말은 무엇이고 어떨 때 쓰일까가 궁금해지셨나요? 이런 것이 하나를 듣고 열을 향해 가는 방법이에요.

• 머리카락이 가늘다   ⇔ 머리카락이 굵다
• 손가락이 가늘다   ⇔ 손가락이 굵다
• 실이 가늘다   ⇔ 실이 굵다

이 말은 '머리카락, 실, 철근'처럼 '길쭉한 모양의 물체'를 표현할 때 주로 사용합니다. 중요한 것은 이들이 나름의 부피 즉, '통'을 가지고 있는 물체라는 사실이지요. 그래서 통이 없는 '종이, 천, 비닐'과 같은 것들은 '가늘다'라는 말로 표현하지 않아요. 이런 것은 '얇다'로 표현하지요. 이제 '가늘다'의 반대말이 왜 '굵다'인지 아시겠지요?

여기서 질문하셔야 합니다. 반례를 떠올리세요. 길쭉하지 않은 것을 '가늘다'로 표현하고 있는 것도 보셨다고요. 훌륭합니다.

- 숨소리가 가늘다.
- 모래알이 가늘다.

위의 예처럼 쓰이는 경우가 있어요. 제가 아까 말씀드릴 때 '주로'라는 말을 썼나 확인해 보세요. 어떤 단어이든 주요 의미와 파생된 의미가 있어요. 여러분은 여러분이 쓰는 말을 자꾸 다른 데 적용하고 싶잖아요. 그래서 하나의 단어에 여러 뜻들이 생기는 것이고요.

이와 관련해서 더 중요한 것이 있습니다. 생각해 보세요. '굵다'가 정말 '가늘다'의 반대말이 맞나요? 이런 질문을 하실 수 있다면 좋겠어요. 이런 질문은 여러분이 다각적으로 사고하게 만들어 주니까요.

134

- 감자가 굵다　　⟺　감자가 *가늘다
　　　　　　　　⟺　감자가 작다

　이상하지요? 아까 '머리카락, 손가락, 실'을 예로 들었을 때는 둘이 반대가 분명했는데, '감자'를 예로 드니 반대말이 안 되네요. 이것은 '굵다'의 의미 때문입니다. '굵다'는 '가늘다'의 반대말로 쓰일 때도 있지만, '작다'의 반대말인 '크다'의 의미로 쓰일 때도 있거든요. 하나의 단어가 꼭 하나의 의미만을 갖는 건 아니랍니다.

달이다 vs 다리다

'달이다'와 '다리다'는 모두 [다리다]로 발음됩니다. 혹시 '달이다'는 [달이다]로 소리 나고 '다리다'는 [다리다]로 발음된다고 생각하는 분들도 있을 수 있어요. 하지만 단어는 원래 단독으로 발음되는 것이 아닙니다. 언제나 문장 속에서 소리 나는 거지요. 그래서 이 두 단어의 발음을 알아보려면 문장 속에 넣어 보통 속도로 말하면서 확인해야 해요.

• 어제 약을 <u>달이다가</u> 더러워진 블라우스를 빨았어요. 지금 막
　　→ [다리다가]

다리고 있어요.

→ [다리고]

둘은 발음은 같지만 전혀 다른 말입니다. 이렇게 문장을 연결해서 써 보니 의미 구분은 수월하군요. 어떤 말의 표기가 혼동되면 일부러 두 단어를 함께 써서 문장을 만들면 됩니다. 꼭 한 문장일 필요는 없어요. 위의 문장처럼 두 개를 연결하셔도 됩니다.

단어 구분이 쉬운데 굳이 이런 예를 드는 이유는 단어는 혼자 있는 것이 아니라는 것을 확인하기 위해서예요. 동사를 제대로 이해하기 위해서는 이 말이 어떤 말과 함께 놓이는가를 보는 것이 좋습니다. 단어 자체의 뜻을 찾기보다는 어떻게 쓰이는가에 관심을 두라는 것이지요. 그래서 저는 사전을 찾는 방법도 익히셔야 한다고 생각합니다. 단지 단어 자체의 의미를 보려고 사전을 찾는 것은 유용하지 않은 경우가 많습니다. 사전은 가장 기본적인 의미만을 제시하는 경우가 많아서 여러분에게 정확한 의미를 전달하지 못할 수도 있거든요.

사전을 유용하게 활용하는 방식은 반의어나 동의어 혹은 예문을 보는 거예요. 저는 예문을 통한 방식을 추천합니다. 그 동사가 어떤 목적어나 주어와 어울리는지를 알게 되거든요. 그러면 그런 방식으로 앞의 두 단어를 짚어 볼까요?

• 간장을 달이다.

- 보약을 달이다.
- 차를 달이다.
- 엿을 달이다.

젊은 사람들은 '엿을 달이다'라는 말이 좀 낯설 거예요. 요새 엿은 사 먹는 것이지 집에서 만드는 게 아니니까요. 하지만 조금 나이가 든 사람들은 큰 가마솥에 엿물을 넣고 달이는 현장이 금방 떠오를 것입니다. 단어는 시대의 흐름에 가장 민감하게 변화합니다. 나중에 간장을 더 이상 집에서 만들지 않게 되면 그런 쓰임도 줄어들겠지요. 그러다가는 약이나 차에만 한정되어 쓰이는 단어로 변할지도 모르겠습니다.

어쨌든 위의 문장들에서 유추한 '달이다'의 뜻은 액체를 끓이는 것이네요. 그러면 '끓이다'와는 뭐가 다른 거지요? 이때도 사전에만 의존하면 이 뜻을 명확히 구분하기 어려워요. '달이다'의 유의어로 '끓이다'가 나오거든요. 또 단어 뜻으로 '끓이다'를 찾으면 '끓다'의 사동사라는 말이 나오지요. 그래서 '끓다'를 찾으면 '액체가 몹시 뜨거워져서 소리를 내면서 거품이 솟아오르다'라는 의미가 나와요. 애초에 이런 방식으로는 '달이다'와의 차이를 찾기가 어렵습니다. 그러면 어떤 방식을 활용할 수 있을까요?

저는 이런 방식을 추천해요. 액체 중 대표적인 것들을 생각해 보세요. '물, 우유, 주스'와 같은 것이겠네요. 이를 '달이다'와 연결해 보세요.

138

- *물을 달이다.
- *우유를 달이다.
- *토마토 주스를 달이다.

어떤가요? 어색하지요. 실제로 이런 말들은 쓰이지 않습니다. '달이다'는 사전에 '액체 따위를 끓여서 진하게 만들다'라는 의미로 되어 있어요. 물은 끓여도 농도가 진해지지 않으니 위의 말이 틀렸다고 할 수 있겠네요. 하지만 우유나 토마토 주스는 끓이면 진해집니다. 그런데도 이 말은 쓰이지 않습니다. 결국 '달이다'라는 말은 '보약, 장, 차' 등과 어울리는 단어라는 것이지요. 단어가 어떤 상황에서 사용되고 있는가도 어느 정도 결정되어 있습니다.

간단한 예를 들어 볼까요? 저는 아줌마이기도 하고 엄마이기도 하고 교수이기도 하고 주민이기도 하지요. 여자이기도 해요. 모두 저를 가리키는 말입니다. 하지만 제가 어디에서 무엇을 하고 있느냐에 따라 저를 지칭하는 말은 달라져야 하겠지요. 그리고 저를 지칭하는 사람이 누군가에 따라 또 달라지기도 해요. 저의 수업을 듣는 학생이 강의실에서 저를 '아줌마'라고 불렀다고 쳐 보세요. 당장 다른 친구들이 그 학생을 말리려고 할 거예요. 적절하지 않은 표현이니까요.

'달이다'가 액체를 걸쭉해지도록 끓이는 의미를 가졌다 할지라도 우유나 토마토 주스와 어울리지 않는 이유는 '달이다'가 어떤 상황에서 쓰어 왔는가와 관련됩니다. 그래서 우리는 그 단어를 익힐 때 상황도 함께 익혀야 합니다. 어떻게 그 상황을 익히나요? 단어를 익힐 때 문장 속에서 무엇과 함께 나타나는가를 보자고 했었잖아요. 그것이 단어를 맥락 속에서 익히는 방식이랍니다.

'다리다'라는 단어 역시 마찬가지입니다. 이 단어는 언제나 '다리미'나 '인두' 등과 함께 쓰여요. '옷이나 천 따위의 주름이나 구김을 펴고 줄을 세우기 위해 다리미나 인두로 문지르는 것'을 다린다고 하는 거지요. 그러다가 다리미나 인두 이외에 옷이나 천을 다리는 도구가 생기면 그 단어도 다리미나 인두의 항목에 들어 올 수는 있어요.

하지만 반드시 그렇지만은 않아요. 앞서 '달이다'가 '액체가 걸쭉해지는 상태'였는데 우유나 토마토 주스는 목적어로 쓰지 못하는 것 보셨지요. 만일 '다리다'와 전혀 차원이 다른 방식의 옷감 손질 방식이 나온다면 '다리다'는 전통 방식을, 새로 나온 그 말은 새로운 방식을 가리킬 수도 있으니까요.

미래가 어찌될지는 알 수 없지만 지금 우리는 '달이다'와 '다리다'가 어떤 단어와 함께 있는가를 보는 것으로 두 단어를 구분할 수 있게 되는 것이랍니다.

졸이다 vs 조리다

'졸이다'와 '조리다'의 발음은 모두 [조리다]로 같아요. 게다가 이 단어는 모두 음식을 만들 때 쓰이는 말이기 때문에 더 혼동됩니다. 여기서 질문이 하나 나와야 해요. 요리를 만드는 것 말고도 '졸이다'가 쓰이는 곳이 있다는 질문이요. 맞습니다. 아래의 말이 그런 예입니다.

- 합격자 발표가 나올 때까지 가슴을 <u>졸였다</u>.

이 단어는 '초조해하다', '애를 태우다'라는 의미를 갖습니다. 그런데요. 여기서 '애를 태우다'라는 단어를 볼까요?

- 애를 태우다 = 애를 끓이다

여기서 '애'는 '창자'의 옛말입니다. 오늘날에는 이렇게 '애를 태우다, 애를 끓이다'라는 표현에만 나타나지요. 그런데 정말 창자를 끓이거나 태울 수는 없는 노릇이잖아요. 끓이거나 태우는 것은 요리와 관련되어 있고요(물론 집도 태우지만 일반적인 예는 아니어서 다루지 않습니다). 이는 음식을 만들 때 쓰이는 '졸이다'라는 의미가 마음으로까지 확장되었다는 것을 의미해요. 그러니 먼저 원래 의미인 '졸이다'를 봐야 하는 것이지요.

다시 '졸이다'와 '조리다'는 모두 음식을 만드는 데 쓰이는 말이기 때문에 혼동되기 쉽다는 부분부터 보기로 하지요. 그렇다면 이 둘은 음식을 만드는 방식의 차이겠네요.

일단 '졸이다'부터 보지요. 단어의 표기 자체가 '졸- + -이-'를 구분하고 있네요. 이렇게 구분했다는 것은 '졸다'와 '-이-'가 각각 의미를 가진다는 것을 의미합니다. 그렇지 않으면 발음도 [조리다]로 나는데 굳이 구분해서 적을 필요가 없으니까요. 그렇다면 먼저 '졸다'의 의미부터 볼까요? 그래야 '졸이다'의 의미를 파악하기 쉬울 테니까요. '졸다'를 넣어 짧은 문장을 만들어 보세요.

- 국이 너무 졸아서 짜졌다.

어떤 의미인가요? 물이 증발해서 더 진해졌다는 것을 아시겠지

142

요. 그렇다면 '졸이다'가 어떤 의미를 가졌는지 알려면 어떻게 하지요? 당연히 짧은 문장 만들기지요. 앞의 문장을 활용해서 새로운 문장을 만들어 보면 의미 차이가 분명해집니다.

- 국을 너무 졸이면 짜진다.
  → 졸게 하면

국어에 '-이-'는 두 개가 있다 했었지요. '-게 하다'의 의미를 가지면 사동이고요. '당하다'의 의미를 가지면 피동이라고요. 여기서는 '-게 하다'가 나오는 것을 보니 '졸이다'는 '졸다'의 사동이겠군요. 어쨌든 우리는 '졸이다'가 음식을 할 때 국 등의 액체를 증발하게 한다는 것을 알게 되었어요.

그렇다면 '조리다'는 어떤 의미인지 보지요. 이 말의 의미를 제대로 구분하기 위해서는 여러분의 어머니가 생선 조림을 하실 때 어떤 행동을 하는지를 생각해 보면 됩니다.

조림을 할 때는 양념 국물을 많이 넣지 않아요. 대신 어머니가 바닥의 국물을 퍼서 자꾸 생선에 얹지요. 왜냐고요? 양념이 생선에 배게 하는 것이지요. 이 점이 '졸이다'와 구분되는 지점이에요. '졸이다'와 '조리다'는 액체가 줄어든다는 점에서는 같습니다. 하지만 '조리다'에서 포인트가 되는 것은 국물을 남기는 것이 아니에요. 양념의 맛이 재료에 푹 스며들도록 바짝 끓여 내는 것을 가리키지요.

- 찌개의 국물을 졸였다.
- 생선을 조렸다.

위의 예문들로 구분이 되시지요? 그렇다면 '감자조림', '생선조림'이라는 말이 맞춤법에 맞다는 것도 아시겠네요. 이는 국물의 양을 줄이는 경우가 아니니까요.

운명 vs 유명

- 운명을 달리하다.

이 말은 틀린 표기이기도 하고 맞는 표현이기도 합니다. 즉 어떤 상황에서 사용되는가에 따라 적절성이 판단된다는 것이지요. 일단 우리가 흔히 사용하는 말인 '운명'은 이미 정해져 있는 삶과 죽음에 관련된 처지를 가리킵니다. 즉 누군가가 언제 태어나서 언제 어떤 일을 겪고 어떻게 죽는가가 정해져 있다고 보고 이를 '운명'이라 말하는 것이지요. 이럴 때의 운명은 '팔자'나 '운수'와 깊은 관련이 있어요. 흔히 개인에게 사용될 때에는 '운수'나 '운'과 비슷한 뜻으로 사용되지요.

- 운명에 맡겨야지 별수 있어?
- 그와 만난 건 피할 수 없는 운명이었나 봐.
- 그는 딸의 이혼을 운명이라 생각했다.

이 말은 사회적 차원으로 확대되어 쓰이기도 합니다.

- 조국의 운명을 걸머지다.
- 환경보호는 세계 전체의 운명과 관련된 일이다.
- 이번 선거에 당의 운명이 달려 있다.

그렇다면 '운명을 달리하다'로 쓰인 경우를 볼까요?

- 그들은 쌍둥인데도 운명을 달리했어. 둘째는 운명에 굴하지
  않았거든.   → 다른 운명을 살았다.
- 그녀는 타고난 운명을 달리하려 노력하였다.
           → 운명을 극복하려

이런 쓰임이 어색하시다고요? 그래도 이 말은 잘못 쓰인 게 아닙니다. 분명하게 하려면 '다른 운명을'이라든지, '운명을 극복하려' 등으로 바꿔 쓰는 것이 더 좋겠지만요.

그렇다면 '운명을 달리하다'라는 말을 사용하면 안 된다고 말하는 상황은 무엇일까요? 여기서 새로운 '운명'이 등장합니다. 이 말

146

은 앞서 배운 '운명'과 표기가 같지만 한자가 다른 별개의 단어랍니다. 이 둘을 구분해 볼까요?

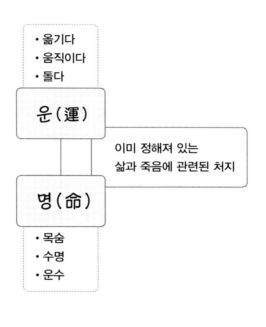

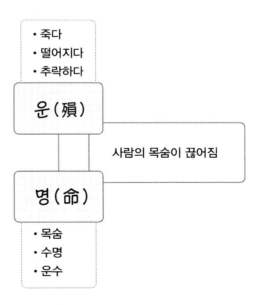

두 번째로 쓰인 '운명'은 '사망'과 같은 의미의 단어입니다. 아래와 같이 쓰이지요.

- 오후 2시에 운명하셨습니다.
  → 오후 2시에 *운명을 달리하셨습니다.

- 아버지의 운명을 지켜보지 못한 것이 한이다.
  → 아버지의 *운명을 달리하심을 지켜보지 못한 것이 한이다.

이 단어는 '죽음' 자체를 의미하는 것이기 때문에 '~을 달리하다'라는 말 자체가 성립되지 않습니다. 그런데도 '운명을 달리하

다'를 '사망하다'와 동일하게 쓰는 오류가 많이 일어납니다. 이 때문에 '*운명을 달리하다'는 표기가 틀렸다고 이야기하는 것이지요.

위 문장들 속의 '*운명을 달리하다'는 모두 '유명을 달리하다'나 '운명하다'로 바꾸어야 올바른 표기가 됩니다.

- 오후 2시에 운명하셨습니다.
  → 오후 2시에 유명을 달리하셨습니다.

- 아버지의 운명을 지켜보지 못한 것이 한이다.
  → 아버지의 유명을 달리하심을 지켜보지 못한 것이 한이다.

유명(幽明)이라는 말은 이승과 저승을 가리키는 말이에요. '유(幽)'가 검은 세상 즉 저승을 가리키는 말이고요, '명(明)'이 밝은 세상 즉 이승을 가리키지요. 그러면 '유명을 달리하다'는 밝은 세상이 어둡게 되었다는 의미로 곧 죽음을 맞이했다는 뜻이 되는 거지요. 이 말은 '운명하다'처럼 '유명하다'라고 쓸 수 없어요. 이 단어 자체에 '죽다'는 의미가 들어 있지 않으니까요. 그래서 '달리하다'라는 말이 붙어야 '운명하다'와 같은 의미가 될 수 있답니다.

4장

단어가 결정하는
띄어쓰기

이 장에서는 띄어쓰기를 다룰 거예요. 띄어쓰기가 정말 어렵다고요? 네, 저도 그렇게 생각해요. 하지만 띄어쓰기 원칙은 복잡하지 않아요. 단어는 띄어 쓴다는 것이 원칙이거든요. 그러면 이 간단한 문장이 왜 어렵게 생각될까요? 단어가 쉬운 것이 아니기 때문입니다. 단어는 홀로 쓰일 수 있는 최소 단위를 가리킵니다. 그런데 단어와 단어가 만나서 새로운 단어가 되기도 하고 단어에 접사가 붙어서 새로운 단어가 만들어지기도 합니다. 어떤 단어는 의미가 약화되어 조사나 어미가 되기도 하지요. 이런 언어의 과정들은 어떤 요소가 단어인지 아닌지를 구분하기 어렵게 만듭니다.

이 어려운 맞춤법 띄어쓰기를 제대로 하려면 아래의 네 가지에 관심을 두서야 합니다.

첫째, 자신이 자주 틀리는 띄어쓰기 오류가 어떤 것인지를 알아야 합니다. 자신이 자주 틀리는 것이 무엇인지 알면 그 부분에 신경을 쓰게 되어 문서상의 오류를 줄일 수 있거든요.

둘째, 띄어쓰기를 유형으로 묶어서 생각하라는 점입니다. 바로 위의 '자기 오류 알기'는 '예'를 대상으로 하지 말고 '유형'을 중심으로 접근하는 것이 좋아요. 유형은 낱낱의 예들을 특정한 기준으로 묶어서 하나의 단위로 만든 거예요. 이 책에서는 유형으로 묶어서 설명하고 있으니 이 말의 의미가 무엇인지를 함께 생각하실 수 있을 거예요.

셋째, 원리를 이해하기 위해서 애쓰라는 것입니다. 원리를 알아야 사례를 만났을 때 정확히 이해할 수 있답니다. 맞춤법은 일일이

외울 수 없는 일이에요. 양이 얼마나 많은데 그걸 다 외울 수 있겠습니까? 설령 그럴 수 있다 치더라도 이런 해결책은 여러분을 위해 좋은 일이 아니에요. 원리를 중심으로 이해하는 방식이 여러분의 사고를 깨어나게 한답니다.

마지막으로 아주 소소하고 이상하고 중요하지 않은 것은 무시하세요. 사소한 것을 무시할 수 있어야 크고 중요한 것을 얻을 수 있습니다. 요새 '선택과 몰입'이라는 말이 유행이더라고요. 일을 선택해서 집중할 수 있을 때 무엇인가 성취할 수 있다는 말이겠지요. 그런데 이 말을 할 때 사람들이 혹시 '몰입'에만 강조점을 두고 있는 것은 아닌가 걱정될 때가 있어요. 중요하고 가치 있는 것을 '선택'하여야 그 집중에 의미가 있는 것인데 말이지요. 사소하고 부차적인 것을 무시할 수 있어야 중요한 것들이 부각됩니다.

그러면 띄어쓰기를 잘 하기 위해 오류를 유형화해서 원리를 익히라는 말이 무슨 뜻인지 볼까요? 아래의 예들은 사람들이 어려워하는 띄어쓰기의 예들이에요.

- 만큼
  그녀만큼 착한 사람은 없다.   → 조사
  노력한 만큼 보답이 온다.   → 의존명사

- 뿐
  맞춤법에 불만이 있는 사람이 나뿐만이 아니다.   → 조사

그냥 천천히 걸어갈 뿐이다.　　　　　　　　→ 의존명사

- 만

　　나만 나쁘다는 거지?　　　　　　　　　　→ 조사

　　자기에게 맞을 만한 것을 찾아야 한다.　　→ 의존명사

- 대로

　　나는 나대로의 철학이 있다.　　　　　　　→ 조사

　　그냥 흘러가는 대로 놓아두면 된다.　　　　→ 의존명사

　　일단 위의 것을 낱낱으로 접근한다면 여러분은 네 개의 맞춤법을 틀리는 거지요. 하지만 이 네 가지는 원리가 같습니다. 또 여러분뿐만 아니라 많은 사람이 틀린다니 위로도 되지요. 그런데 많은 사람들이 틀리는 데는 뭔가 이유가 있지 않을까요?

　　여러분이 느끼는 어려움 중에는 언어 현상 자체가 복잡해서 생기는 것들도 많습니다. 언어 규범은 이런 복잡한 것을 규칙화해야 하는 것이잖아요. 그래서 그 규칙을 준수하기가 어려운 경우도 있지요. 이럴 때는 어떤 띄어쓰기가 맞다 틀리다에만 관심을 두지 마셨으면 좋겠어요. 더 중요한 것은 왜 이런 띄어쓰기가 어려운가 하는 점이니까요.

　　위의 '만큼, 뿐, 만, 대로'의 띄어쓰기 유형이 어려운 것은 이전에는 온전했던 단어가 그 힘이 약화되면서 의존명사가 되었다가 조사가 되는 과정을 거치고 있기 때문이에요. 여기서 '되는 과정'이라는 말에 주목하세요. 이미 조사가 되었다면 어렵지 않아요. 그런데 '과정'에 있기 때문에 이들 중에는 조사도 있고 의존명사도 있어요. 동일한 '만큼, 뿐, 만, 대로'가 어떨 때는 의존명사이고 어떨 때는 조사로 쓰이니 어려울 수밖에요.

그렇다면 이들이 조사인지 의존명사인지는 어떻게 구분하지요? 단어는 혼자 쓰이지 않습니다. 이들이 무엇과 함께 있는가를 보면 조사인지 의존명사인지를 구분하기 수월해져요. 조사는 체언(명사, 대명사, 부사)이나 부사, 어미의 뒤에 붙어 쓰입니다. 의존명사는 앞에 꾸미는 말이 오지요. 위의 의존명사들 앞에는 '노력하다, 걸어가다, 맞다, 흘러가다'와 같은 말들이 꾸미고 있어요. 이런 동사나 형용사가 명사를 꾸미려면 무엇이 필요하던가요? 관형형 어미 '-ㄴ, -는, -ㄹ'이지요. 그래야 뒤의 의존명사를 꾸밀 수 있어요.

- 노력한 만큼, 노력할 만큼, 노력하는 만큼

여기서 기본형 '노력하다'를 잡아내고 '-ㄴ, -는, -ㄹ'에 주목하시면 왜 '만큼'을 띄어 써야 하는지 이해할 수 있게 됩니다.

띄어쓰기는 어렵습니다. 저에게도 띄어쓰기는 어렵답니다. 분명이 책을 쓰면서도 띄어쓰기 오류들을 만들어 내고 있을 거예요. 조금 젊었을 때 내 유인물에서 오타를 찾아내면 보상을 주겠다고 호언장담한 일도 있었어요. 하지만 저는 더 이상 그런 어리석은 일을 저지르지 않습니다. 저 역시 맞춤법을 어려워하고 있는 일반 사람 중의 하나라는 사실을 알게 되었거든요.

맞춤법이 틀린다는 그 사실보다 자신이 어떤 맞춤법 오류를 만들어 내고 있는지를 모른다는 것이 더 문제일 수 있어요. 알아야 틀린 것을 수정할 수 있으니까요. 그리고 수정하려면 합당한 이유를 들어 더 중요하고 가치 있는 것에 집중하셔야 하고요. 그래서 언제나 오류를 유형화하고, 원리에 적용하고, 사소한 것은 무시하라고 말씀드리는 거예요.

할 테고 vs *할테고

띄어쓰기의 원리를 배워 보기로 해요. 원리를 이해하면 모든 문제가 더 쉬워지니까요.

- 무엇인가 대책이 있어야 <u>할테고</u> 그러자니 이리저리 바쁜 형편이었다.

'할테고'에서 동사를 끄집어내 보세요. '하다'라는 기본형을 잡을 수 있으면 됩니다. 그러면 '하-' 밑에 있는 'ㄹ'은 뭔가요? 다른 예를 통해 이 'ㄹ'이 무엇인지부터 찾기로 해요.

- 내일 일을 한다.
  → 내일 할 일
       수식 ↰

'하다'가 뒤에 놓인 '일'을 꾸미고 있어요. 국어에서 동사가 뒤에 놓인 명사를 꾸미려면 '-ㄴ, -는, -ㄹ'이 필요한 것 아시지요. 여기서는 일을 꾸미기 위해서 '하다'에 '-ㄹ'을 붙였네요. 잠깐 주목할 점! '하다'는 단어이고요. 뒤의 '일'도 단어이지요. 단어와 단어는 띄어 써야 해요. 그러니 '할'과 '일'을 띄어 썼습니다. 단어는 띄어 쓰는 것을 원칙으로 한다. 이것이 맞춤법의 대원칙이었잖아요.

이것을 '할테고'에 그대로 적용해 보세요. '할'에 집중하세요. 이 '할'이 '할 일'의 '할'과 같다는 것이 보이시나요? 아직 'ㄹ'이 무엇인지는 모르지만 '테고' 속의 무엇인가를 꾸미고 있다는 것을 아시겠지요. 그래서 '할'과 '테고'는 띄어 써야 하는 거예요. '테고' 안에 있는 게 뭔지 모른다 쳐도 그 안에 분명히 명사가 들었을 테니까요.

이런 이유로 '할 테고, 할 테니, 할 텐데'는 모두 띄어 써야 합니다. 그렇다면 '할 테고' 안의 '테고'는 뭘까요? 앞서 '테고' 속에 명사가 들었다고 했잖아요. 여기에 들어 있는 명사는 '터'예요. '터이고'의 준말이 '테고'인 거죠.

- 무엇인가 대책이 있어야 <u>할 테고</u> 그러자니 이리저리 바쁜 형편이었다.

158

→ 무엇인가 대책이 있어야 할 터이고 그러자니 이리저리 바쁜 형편이었다.

→ 무엇인가 대책이 있어야 할 것이고 그러자니 이리저리 바쁜 형편이었다.

그리고 이 '터'를 '것'과 바꾸어 썼을 때 어떻게 달라지는지 보세요. 먼저 크게 달라지지 않았다고 느끼시는 분은 이 '터'가 의존명사라는 점을 알아챈 거예요. '터'는 의존명사여서 명사로서의 의미와 역할이 약해졌거든요. 그래서 국어의 대표적 의존명사인 '것'과 바꾸었을 때 의미 차이가 느껴지지 않은 거지요. 차이를 느끼시는 분들은 의존명사들 사이에 여전히 남아 있는 의미에 주목하신 거예요. 그 차이를 분명히 보려면 더 쉬운 예문을 보는 게 좋겠지요.

- 내일 갈 터이니 그리 알아라.
  → 내일 갈 것이니 그리 알아라.
- 시장할 터인데 어서 들어라.
  → 시장할 것인데 어서 들어라.

위의 문장은 둘 사이의 의미 차이가 별로 느껴지지 않지요. 하지만 아래 문장들은 좀 달라요.

- 그는 자기 앞가림도 못하는 <u>터에</u> 남 걱정을 한다.

→그는 자기 앞가림도 못하는 *것에 남 걱정을 한다.

→그는 자기 앞가림도 못하는 처지에 남 걱정을 한다.

• 겨우 역에 도착했지만 기차는 이미 떠나고 없는 터였다.

→겨우 역에 도착했지만 기차는 이미 떠나고 없는 *것이었다.

→겨우 역에 도착했지만 기차는 이미 떠나고 없는 형편이었다.

이 과정에서 원래 명사가 가졌던 의미가 줄어듭니다. 의존명사인 '터' 역시 마찬가지입니다. 오늘날의 '터'는 의미가 약화되고 '추측, 예정' 등의 느낌만 남아 있는 상태예요. 그러니 사람들이 띄어쓰기에 불편을 느끼는 거지요. 언어가 변할수록 띄어쓰기의 유형 또한 다양해진답니다.

한번 vs 한 번

한번, 한 번 중 뭐가 맞나요? 큰일, 큰 일 중 뭐가 맞나요? 이런 질문은 논리에 맞지 않아요. 항목이 두 개면 경우의 수는 네 개입니다. 모두 틀리는 경우와 모두 맞는 경우도 있는 거지요.

A	B
○	×
×	○
○	○
×	×

맞춤법을 선택의 문제로 생각하는 분이 많아요. 이런 식의 접근은 '한번, 한 번'과 '큰일, 큰 일'을 푸는 데 도움이 되지 않아요. 이들은 둘 다 올바른 표기이거든요.

그러면 앞서 본 질문들은 '한번'과 '한 번'은 무엇이 다른가, '큰일', '큰 일'은 어떤 차이가 있는가로 수정되어야 하는 것이지요. 그러면 띄어 쓴 '한 번'부터 볼까요?

- 한 번만 해야 해, 두 번은 안 돼.

띄어쓰기의 원칙이 단어는 띄어 쓰는 것이었으니 '한'과 '번'이 모두 단어여서 각각 뜻을 가진다는 것을 의미하겠네요. 네, 띄어 쓰는 '한 번'은 '두 번', '세 번'과 짝을 이루는 말이에요. 'one time'으로 번역할 수 있다는 것이 도움이 되겠네요. 띄어 쓴 부분 각각이 의미를 가졌다는 점을 확인할 수 있거든요. 그러나 붙여 쓴 '한번'은 달라요.

- 가격이나 한번 물어봐.   → 시도
- 언젠가 한번은 길에서 그와 마주치겠지.   → 기회
- 한번 물면 절대 놓지 않는다.   → 일단
- 동네 인심 한번 고약하구나.   → 행동의 강조

위의 '한번'은 오래 전에 '한 번'으로부터 출발하였겠지만 시간

이 지나면서 새로운 의미를 갖게 되었고 이에 '한 번'과는 다른 독립된 단어가 된 거예요. 그러니 띄어 쓰지 않는 거지요.

'큰일'도 마찬가지예요. 처음에는 '작은 일'의 반대말인 '큰 일'에서 왔어요. 하지만 현재에 이르러서는 하나의 단어로 취급되는 경우가 훨씬 더 많아요. 그래서 국립국어원에서는 '작은 일'과 반대되는 '큰 일'도 '큰일'과 같이 별도의 단어가 되었다고 취급해요. 그러니 문장 속에서는 대부분 붙여 쓴다고 생각하셔도 좋습니다.

- 너 이제 큰일 났다.
- 작은 일에 꼼꼼해야 큰일도 잘한다.

그렇다고 띄어 쓰지 않는 '큰일'은 없다고 단정 지으면 곤란합니다. 아래 문장을 볼까요?

- 이렇게 범위가 큰 일을 만났으니 작은 일을 할 때와는 다른 마음가짐으로 해야 해.

이 문장에서는 '이렇게 범위가 크다'가 '일'을 꾸미고 있어요. 그러니 '큰'과 '일'은 띄어 써야 하지요. '큰일'은 무조건 붙여 써야 한다고 간단히 생각하면 안 된다는 증거이지요. 실제로 이 문장을 컴퓨터 문서로 타이핑하면 '큰 일'에 빨간 줄이 가요. 모든 띄어 쓴 '큰 일'은 틀렸다고 문제를 단순하게 만들어 버린 결과입니다.

어쨌든 여러분이 기억하셔야 할 것은 '한 번'과 '한번'처럼 띄어
쓰기를 구분하기 애매할 때에는 둘이 합쳐서 하나의 단어가 되었
는가 그렇지 않은가를 따져야 한다는 점이지요. 새로운 단어가 되
었다면 당연히 붙이고요. 단어를 띄어 쓰는 것이 맞춤법 띄어쓰기
의 원칙이니까요.

김수현 vs *김 수현

'김씨'가 맞는지, '김 씨'가 맞는지에 대해 즉답할 수는 없어요. 왜냐고요? 이 말이 문장의 어디에 어떤 의미로 쓰인 것인지를 알아야 답을 할 수 있거든요. 맥락 없이 무엇이 맞느냐고 물으면 둘 다 맞다라는 답을 할 수밖에 없답니다. 단어는 어디에서 누구와 함께 놓이느냐에 따라 가치가 결정된다는 점을 늘 기억하셨으면 해요. 그러면 '김씨'와 '김 씨'는 다른 의미라는 뜻이겠네요. 그렇습니다. 아래의 예를 보세요.

- 자네 성이 뭔가?
  김씨입니다 / 김가입니다.

위에서 '씨'는 '성씨 자체'를 의미하는 말로 '김씨, 박씨, 이씨, 최씨'처럼 붙여 써서 '그 성씨의 가문이나 문중'의 의미로 쓰입니다. 옛날에는 '김가, 박가, 이가, 최가' 등을 사용하는 것이 오히려 예의였는데 점점 '씨'를 사용하는 일이 많아진다고 하더군요. 이 말은 아래처럼 사용할 수 있어요.

- 최씨 고집이 세다 하지만 황씨 고집도 만만치 않다.
  → (최씨 성을 가진 사람들의 고집)/(황씨 성을 가진 사람들의 고집)
  = 최가 고집이 세다 하지만 황가 고집도 만만치 않다.

그런데 이 문장을 아래와 같이 쓰이면 의미가 전혀 달라집니다.

- 최 씨 고집을 어떻게 황 씨가 당하겠어?
  → 최영미 씨 고집을 어떻게 황수정 씨가 당하겠어?

여기서 '씨'는 특정 사람을 부르거나 이르는 경우예요. 이럴 때는 명사이기 때문에 띄어 써야 합니다. 실제로 두 개의 '씨'가 갖는 의미가 다르니 구별해서 쓰는 것이 좋겠지요. 문장 하나로 연습해 볼까요?

• <u>난호 씨</u> 성이 <u>강씨</u>라 했지? <u>강난호 씨</u> 고집이 장난 아니겠는데.

띄어 쓴 '씨' 앞의 사람은 '강난호'라는 특정 사람이지요? 반면 '강씨'와 같이 붙인 경우는 강이라는 성씨를 가리키는 말이에요. 항상 앞에 성이 붙어 있으니 구분하기 쉽답니다.

그렇다면 김수현의 '김'과 '수현'은 띄어 쓸까요, 붙여 쓸까요? 저는 이런 질문을 가장 싫어합니다. 왜냐고요? 국어의 언어 원리로 설명할 문제가 아니기 때문이에요. 볼까요?

우리말 맞춤법의 띄어쓰기는 그것이 단어인가 아닌가에 달려 있어요. 그리고 하나의 단어 중에 여러 가지 단어적 요소가 들어 있다 하더라도 새로운 단어로 정착됐다고 보이는 것들은 띄어쓰기를 하지 않는다는 원리가 있었지요. 이런 것이 단지 우리말에만 해당

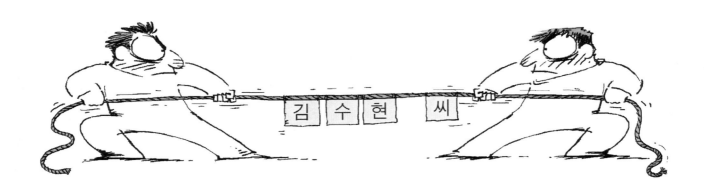

하는 것은 아니에요. 여러 단어가 모여 하나의 단어를 이루는 것은 어떤 언어에서든 아주 일반적인 현상이니까요.

그런데요. 이름이라는 것은 '고유명사'입니다. 그 지시 대상이 하나이지요. 그러니 언어 변화의 대상이 아닙니다. 오랜 시간 동안 쓰이다가 새로운 의미를 부여받았다 어쨌다 할 대상이 아닌 것이지요. 그러니 이 고유명사 표기를 어떻게 할 것인가는 정책적 결정에 달려 있어요. 저는 이런 협의에 따르는 것이 전혀 불편하지 않습니다. 도로에서 빨간불이면 멈추고, 파란불이면 건너가는 것과 별로 다르지 않은 문제이기 때문입니다.

제가 고유명사 표기에 대해 이런 태도를 보이는 이유는 두 가지 때문입니다. 첫째, 성과 이름은 별개 단어의 성격을 지니고 있어요. 성은 혈통을 표시하는 것으로 다른 사람과 공유하지만 이름은 한 사람에게만 주어지니까요. 정말 고유한 것은 성이 아니라 뒤의 이름인 거지요. 이런 생각을 한다면 성과 이름은 띄우는 것이 합리적이겠지요. 실제로 1988년도 이전 맞춤법에서는 성과 이름을 띄워 적도록 했었어요. 제가 중학교를 다닐 때만 해도 원고지 끝에 두 칸을 띄우고 '김 남미'라고 표시했던 기억이 납니다.

그런데 '김남미'라고 붙여 쓰는 것이 일반화된 형식이라는 판단으로 지금에는 성과 이름을 붙여 쓰기로 한 거예요. 한자 문화권에 속하는 나라들이 대부분 그렇게 쓰는 경향을 받아들이기도 한 것이고요. 여기서 중요한 점은요. 이런 규정안들은 꼭 지키는 것이 좋다는 것입니다. 하나의 문서에서 '김남미', '김 남미'를 혼동해서 쓰는 것만큼 보기 싫은 일이 없거든요. 띄어쓰기에서 정작 중요한 사안은 '일관성'입니다. 이런 일관성들은 성명, 단위 등의 표기에 분명히 나타납니다. 예를 들어 '2억'과 같이 쓸 때 숫자와 단위를 붙여 쓸 것인가 말 것인가의 문제가 있어요. 이 경우 반드시 일관성을 지키는 것이 좋습니다. 띄우기로 했으면 끝까지 띄우고 붙이기로 했으면 전체를 붙여야 하는 것이지요.

일관성을 유지하기 위해 문서를 제출하기 이전에 띄어쓰기를 확인하는 것도 중요해요. 사소한 것이 문서의 질을 결정짓기도 하니까요.

볼 만한 vs 볼만한

여러분이 느끼는 어려움 중에는 언어 현상 자체가 복잡해서 생기는 것들이 많다고 했지요. 지금 다룰 '만'이 그들 중 하나입니다. 그러니 "'만'은 어떻게 띄어야 하는지 가르쳐 주세요"와 같은 질문은 하지 마세요. 이런 질문은 문제를 너무 간단하게 만들잖아요. 그럼 질문을 어떻게 바꿔야 할까요? 복잡한 사연을 만나면 일단 그것들을 둘이나 셋으로 나누는 연습을 해 보는 것이 좋아요. 이런 게 유형화지요. 일단 '만'과 관련된 예들을 유형화해 볼까요.

• 그곳은 정말 가 볼 만 하다.

- 그는 1년 만 에 귀국했다.
- 1년 만 시간을 주세요.
- 무슨 쥐가 고양이 만 하다.

위의 예들은 '만'과 관련된 예들을 몇 개로 유형 지어 본 것입니다. 여기서는 '볼 만하다'의 띄어쓰기만 공부할 거예요. 나머지 세 개는 다음 항목에서 자세히 설명할 거니까요. 그런데도 여기서 예문들을 다 적은 이유는 뭘까요? 복잡한 것은 일부러 함께 생각해야 해요. 그래야 더 잘 이해할 수 있거든요.

첫 번째 문장의 띄어쓰기는 네 가지 중 하나이겠지요.

- 그곳은 정말 가 볼 만하다.

　　　　　→ 볼 만하다 (○)

　　　　　→ 볼만하다 (△)

　　　　　→ 볼 만 하다 (×)

　　　　　→ 볼만 하다 (×)

'볼'과 '만'을 띄어야 할지 말지부터 따져 보기로 해요.

- 그곳은 정말 가 볼 만하다. (○)
- 그곳은 정말 가 볼만하다. (△)

먼저 '만' 앞에 놓인 '볼'의 기본형을 잡아 보세요. '보다'의 '보-'에 '-ㄹ'이 붙어 있네요. 이 '-ㄹ'은 뒤의 '만'을 꾸미기 위해 쓰였습니다. 앞의 것도 단어이고 뒤의 것도 단어라는 의미지요. 그러니 띄워 주세요. 즉 '만하다' 앞에 놓인 것이 동사라면 띄어 써도 무방합니다. 여기까지 설명하면 화내실 분들이 있어요. 컴퓨터에 쳐 보면 '틀렸다'는 표시로 빨간 줄이 가거든요. 게다가 아래처럼 붙여 써도 맞다고 설명하는 곳이 많기 때문이지요.

이렇게 화를 내는 것도 문법에 대한 관심이므로 환영합니다. 하지만 더 좋은 것은 제 설명과 이전에 보았던 정보의 다른 점이 무엇인지에 대한 질문으로 바꾸는 거예요.

- 그곳은 정말 가 볼 만하다.
  　　　　　①　②

저는 ①의 'ㄹ'에 주목하고 '보다'가 단어라는 점에 집중했어요. 그러니 뒤의 단어는 띄어 쓰는 것이 맞다라고 설명한 거지요. 그런데 ②에 주목하면 다른 방식의 접근도 가능해요. ②는 하나의 단어입니다. 이 단어는 어떤 역할을 할까요? 국어사전에는 '만하다'를 '보조용언'이라고 말해요. 그럼 보조용언은 뭔가요?

위의 문장에는 서술어가 둘이지요? ①과 ②가 서술어잖아요. 그럼 ①, ② 중 더 중요한 서술어는 뭐지요? ①번입니다. 그래서 ①번을 본용언이라고 말하고 보조해 주는 ②를 보조용언이라고 말하

172

는 거지요. 그런데 맞춤법 47항은 본용언과 보조용언은 띄어 쓰는 것을 원칙으로 하되 경우에 따라 붙여 쓰는 것도 허용하고 있어요. 이 규정에 따르면 '볼 만하다'와 '볼만하다'가 모두 가능한 것이지요. 일단 여러분은 원칙을 따르라고 말씀드리고 싶어요. '볼 만하다'로 적는 연습을 하시라는 거지요.

이 연습이 유리한 점은 이제껏 우리가 보아 왔던 '만큼, 만, 대로, 줄' 등에 대한 설명을 여기에 적용할 수 있다는 점이에요. '만하다' 앞에 놓인 동사가 대개 'ㄹ'을 갖거든요. 여기에 주목한다면 ①에 집중한 설명과 ②에 주목한 설명의 결과가 동일할 수 있다는 말이지요. 더 중요한 것은 '만하다'가 '만(명사) + 하다'라는 점이고 이것이 실제로 홀로 쓰이기도 한다는 점이에요.

- 그가 화낼 만 도 하다.
- 이번에는 받아들일 만 도 하다.

여기서의 '만'은 의존명사겠지요. 또 이 '만' 역시 앞서 나온 내용이 그럴 만한 이유가 있다고 하는 의미로 쓰여요. 하지만 이것은 일반적이지 않습니다. 원래의 '만 + 하다'를 현재 하나의 단어로 취급하는 이유는 위와 같은 예들이 의존명사로서의 기능도 약해지고 단어의 일부로서만 나타나기 때문이에요. 그런 사정으로 다음의 예들처럼 '만하다'를 붙여 표기해야 하지요.

- 세계에서 손꼽힐 만한 문화재라 한다.
- 주목할 만한 성과다.
- 그 집 음식은 먹을 만하다.
- 우리는 아직 차를 살 만한 형편이 아니다.

나만 한 vs *나만한

바로 앞 장에서 우리는 '만'과 관련된 띄어
쓰기의 복잡성에 대해 공부했어요. 지금부터는 남은 세 문장을 볼
거예요.

- 그곳은 정말 가 볼 만하다.
- 그는 1년 만 에 귀국했다.
- 1년 만 시간을 주세요.
- 무슨 쥐가 고양이 만 하네.

누군가는 이미 다룬 첫 문장을 왜 여기서 또 보는가를 궁금해 했

으면 좋겠어요. 첫 문장은 '만(하다)' 앞에 동사가 놓인 경우였잖아요. 그리고 '앞서 놓인 내용이 타당한 이유를 가질 정도로 가치가 있음'이란 뜻을 가졌고요. 그럼 나머지 문장들과 문장성분의 위치나 의미가 어떻게 다른지를 대조해 보라는 의미예요. 차이를 제대로 확인해야 복잡성을 이해할 수 있으니까요. 첫 번째 문장부터 차이를 볼까요?

- 그는 <u>1년 만에</u> 귀국했다.
    → 1년 만에 (○)
    → 1년만에 (×)

이 '만'이 어떤 위치에 놓였는지, 또 어떤 의미인지를 파악해 보세요. 어떤 위치인지부터 볼까요? 먼저 '만' 뒤에 '에'라는 조사가 왔네요. 그러면 명사인가요. 조심하세요. 조사 앞에는 명사가 오기도 하지만 다른 조사가 오기도 하잖아요. 명사일 가능성이 높긴 하지만 아직 확신할 수는 없다는 뜻이에요. 확인해 보는 방법은 조사 '에'와 '만'이 들어가는 문장을 만들어 보는 거예요.

- 올해<u>에만</u> 100명이 들어왔다.

조사 '만'은 '에' 뒤에 놓이는군요. 그러니 '만'은 조사가 아니라 의존명사입니다. 앞에 꾸미는 말인 '1년'이 없으면 말이 되질 않으

176

니까요. 이를 따져 보면 '1년 만에'로 띄어 쓰는 것이 올바른 표기입니다. '1년'과 '만'이 합쳐져서 하나의 단어가 된 게 아니니까요. 의존명사 '만'은 '어느 정도의 시간'이라는 의미를 가집니다. 아래에 나타난 '만'이 예들이지요.

- 공부한 지 두 시간 만에 잠이 들었다.
- 그와 헤어진 이후 4년 만이다.
- 이게 얼마 만인가?

그럼 다음의 '만'은 앞서 본 것들과 어떻게 다를까요?

- 1년만 시간을 주세요.   → 1년에 한정하여
- 올해에만 100명이 들어왔다.   → 올해로 제한하여

여기서 쓰인 '만'은 조사입니다. 앞서 본 문장이 도움이 되지요. 위의 '올해에만'의 '만'과 같은 조사입니다. 항상 명사에 붙여 써야 하지요. 이 조사는 앞서 본 의존명사와 의미가 명확히 구분됩니다. 의존명사 '만'은 '어느 정도의 시간(시간의 경과)'이라는 의미를 갖지만 조사 '만'은 '제한하거나 단독'이라는 의미를 가집니다.

'만'과 관련해 가장 많은 오류가 나타나는 문장이 마지막 예입니다. 역시 '만'이 놓이는 위치와 의미를 중심으로 살펴보도록 하지요.

- 무슨 쥐가 고양이만 하다.
- 손바닥만 한 방에 세 식구가 산다.

일단 '고양이'나 '손바닥'이라는 명사 뒤에 놓였네요. 이 '만'이 조사라는 것을 알 수 있습니다. 그런데 이 '만'은 단독이나 제한, 한정이라는 의미가 아니라 '어느 정도에 달함'이라는 뜻으로 주로 비교의 의미로 쓰입니다. 실제로 '*나만한, *형만한, *그 사람만한'처럼 '만'의 쓰임 중에서 우리가 가장 많이 혼동하고 있는 예들입니다. 이런 예들은 '만'과 '하다'를 띄어야 합니다. 조사와 동사의 관계이니까요.

- 어리석기로 나만 한 사람이 있을까?
- 안성기만 한 배우를 찾기 어렵다.
- 형만 한 동생이 드물다.
- 집채만 한 파도가 몰려왔다.

조사 '만'의 뒤에 '하다'가 놓이니 '만하다'와 혼동하기가 쉽습니다. 앞서 배웠던 '만하다'의 앞에는 항상 동사에 'ㄹ'이 붙은 형태가 온다는 점을 다시 기억한다면 구분할 수 있을 것입니다. 마지막으로 연습 하나 해 볼까요? 아래 문장의 띄어쓰기는 어떻게 해야 할까요?

- 그는 묵묵히 웃기만 했다.

'웃기'는 '웃다'에서 온 것이지만 '기'를 붙여 명사처럼 보이게 하고 있지요. 이 경우도 명사처럼 조사 '만'을 붙여야 한다는 점을 기억하세요.

얽히고설키다
vs *얽히고 설키다 vs *얼키고설키다

- 얽히고설킨 실타래.
- 미로처럼 얽히고설킨 비탈길.
- 얽히고설킨 인연.

'얽히고설킨'이라는 단어는 가는 선 따위가 복잡하게 꼬인 것을 가리키는 말이에요. 의미를 확대해 감정이나 관계 따위가 복잡한 것을 의미하기도 해서 마지막 예시처럼 쓰이기도 하지요. 그런데 '얽히고설킨'이라는 말의 표기를 유심히 들여다보세요. 뭔가 이상한 점이 없나요? 저는 여러분이 여기서 두 가지 질문을 떠올리실 수 있기를 바랍니다. 이 표기에는 어떤 문제가 있어 보이나요?

먼저 '얽히고설킨'의 띄어쓰기가 문제 되겠군요. '얽히고 설킨'으로 써야 하는 것이 아닌가 하는 질문이 생길 수 있어요. 좋은 질문입니다. 이들이 각각의 단어라면 띄어 써야 할 테니까요. 또 다른 문제는 무엇인가요? 누군가는 '얽히고 섥힌'이 아닌가 하는 질문을 할 수도 있겠어요. 그것도 가능하겠네요. 앞의 '얽히고'가 '얽+히+고'로 적었다면 그 질서에 따라 '섥+히+고'로 적는 것이 일관되어 보이니까요. 이 역시 좋은 질문입니다.

이 두 가지 질문은 '얽히고설키다'가 몇 개의 단어인가라는 문제와 단어의 원래 형태를 밝혀 적는가 아니면 소리 나는 대로 적는가의 차이에 관련되어 있습니다. 그리고 맞춤법과 띄어쓰기는 이 두 가지 문제에 의해 결정되는 일이 많지요. 질문만을 고려해 '얽히고설킨' 표기의 경우 수를 보면 아래 네 가지로 정리할 수 있어요.

표기	단어의 수	소리/어법	맞춤법
얽히고 섥힌	2개	어법	×
얽히고섥힌	1개	어법	×
얽히고 설킨	2개	소리	×
얽히고설킨	1개	소리	○

그럼 '얽히고설킨'이 두 개의 단어인지 하나의 단어인지부터 볼까요?

- 그녀는 <u>얽힌</u> 실을 잘도 푼다.
- 그녀는 <u>얽히고설킨</u> 실을 잘도 푼다.

두 문장의 뜻을 비교해 보세요. '얽히다'와 '얽히고설키다'는 의미상의 차이가 거의 없습니다. 다만 '얽히고설키다'가 '얽히다'보다 좀 더 어지러운 느낌이 들 뿐이지요. 실제로 '얽히고설키다'는 '얽히다'가 갖는 복잡함을 강조할 때 주로 사용됩니다. 그러니 '얽히다'와 '설키다'가 각각의 단어로 분리되는 것이 아니라는 사실을 알 수 있지요. 적어도 오늘날의 우리는 이 단어를 하나로 취급하고 있다는 거예요.

그러면 두 번째 문제를 풀어 보기로 하지요. '얽히다'는 [얼키다]로 소리 남에도 '얽/히/다'를 분리해서 적었는데 '설키다'는 소리대로 적고 있으니 영 일관성이 없어 보입니다. 둘 모두 소리 나는 대로 '*얼키고설킨'으로 적든지 아니면 둘 모두 의미를 밝혀 '*얽히고섥힌'으로 적어야 하는 게 아닐까요? 이런 경우 우리는 둘의 차이에 주목하는 것이좋습니다. 먼저 '얽히다'를 볼까요?

- 짐을 밧줄로 <u>얽어서</u> 꽁꽁 묶었다.　　　→ 얽다
- 밧줄에 <u>얽힌</u> 짐은 흔들리지 않는다.　　→ 얽히다

현재 우리는 '얽다'와 '얽히다' 두 단어를 모두 사용하고 있어요. 즉 이 두 단어는 오늘날 살아 있는 단어들인 거지요. 이 경우에는 뜻을 밝혀 적어 두 단어의 의미 관계를 보이는 것이 맞춤법의 원리입니다. 아래처럼 '얽다'와 '*얼키다'로 적는다면 '얼키다'의 의미가 무엇인지 알 수 없거든요.

- 짐을 밧줄로 <u>얽어서</u> 꽁꽁 묶었다.　　　→ 얽다
- 밧줄에 *<u>얼킨</u> 짐은 흔들리지 않는다.　→ *얼키다

그러나 '설키다'의 경우는 그렇지 않습니다. 일단 '섥다'라는 단어는 없습니다. '설키다'라는 단어조차 단독으로는 쓰이지 않아요. 이것은 두 단어가 오늘날 살아 있지 않다는 것을 의미해요. 이런

경우 '섥'을 밝혀 적는다고 해도 의미를 분명히 하는 데 도움이 되지 않아요. 그래서 소리 나는 대로 '설키다'로 적는 것이지요. 원래 형태가 무엇인지 알 수 없는 단어는 소리 나는 대로 적는 것이 맞춤법의 기본 원칙입니다.

쓸데없는 vs 쓸 데 없는

'쓸데없는'이 맞는 표기인지 '쓸 데 없는'이 맞는지 '쓸데 없는'이라 써야 하는지가 너무 고민돼서 밤잠을 설치는 분이 있나요? 만약 있다면 저는 그 고민을 접으라고, 그렇게 한가하느냐고 꾸짖고 싶어요. 어떤 것을 올바른 표기법으로 정할 것인가는 국립국어원의 연구원이 결정할 일입니다. 붙여 쓰든 띄어 쓰든 국어의 아름다움을 해치지 않아요. 이즈음에 누군가 이렇게 말해 주었으면 합니다. 그러면 김남미는 왜 이런 책을 쓰느냐고요.

저는 여러분이 맞춤법을 준수하길 바랍니다. 국립국어원에서 정한 규정을 수용하라는 것이지요. 이 말이 앞에서 말한 것과 반대되는 것 같나요? 그렇지 않습니다. '쓸데없는'이라는 단어를 내가 사용할 것인가 말 것인가는 전적으로 여러분의 몫입니다. '쓸데없는' 이라는 말의 띄어쓰기가 혼동되고 복잡해서 못 참겠다면 다른 단어를 쓰시면 됩니다. '소용없는', '쓸모없는'도 있고요. '무용한'이라는 말도 있습니다. 이마저도 어렵다면 '소용이 없는, 쓸모가 없는'으로 바꿔 쓰는 방법도 있어요.

사소한 단어 하나하나의 맞춤법을 외우려 하는 자세가 언어를 경직되게 합니다. 맞춤법 때문에 글을 쓰지 못하겠다는 어린이가 있다면 얼마나 애석한 일이겠어요. 일단 쓰게 하고 맞춤법을 교정하면 되는 일인데 말이지요. 무엇보다 공식적인 문서에서 '쓸데없는'이라는 용어를 사용하는 일이 얼마나 되겠어요? 보고서나 기획서에 이런 용어를 사용하나요? 대통령의 회견문에서 이런 말을 들은 적이 있나요?

'쓸데없는'이라는 말을 쓸 수 있는 상황은 한정되어 있고 그것역시 공식적 상황이라면 대체가 가능해요. 언어를 사용하지 않으면 사라진다고 걱정하는 분이 있으시네요. 정말 좋은 지적입니다. 하지만 이 단어가 그럴 리는 없을 듯해요. 구어(口語)로는 정말 많이 쓰는 말이거든요. 말에서조차 띄어쓰기를 의식하는 분이 있으시다면 정말 칭찬해 드리고 싶군요. 솔직히 좀 안타깝기는 합니다만.

어쨌든 이 단어를 공식 문서에 써야 한다면, 혹은 시험에서 맞춤법 띄어쓰기를 대비해야 하는 상황이라면 도대체 어떤 원리가 이 단어의 띄어쓰기를 복잡하게 만드는가에 대해서 고민하라고 말씀드리고 싶네요. 그 원리는 단순합니다. '쓸+데+없다'를 묶어서 하나의 단어로 생각하는가, '쓸데'와 '없다'를 각각의 단어로 바라보는가 하는 문제이지요. 더 나아가 '쓸', '데', '없다' 각각을 단어로 생각하는 경우도 있겠지요. 이 세 가지가 '쓸데없는/쓸데 없는/쓸데 없는'의 띄어쓰기를 고민하게 하는 것입니다.

이를 구분하는 방법은 그렇게 어렵지 않아요. '쓰다'가 '글씨를 쓰다'라는 의미인 경우에는 이들을 띄어 써도 됩니다.

- 글씨를 적을 자리가 없다. → 쓸 데 없는
- 고장이 나서 더 이상 사용할 수 없다. → 쓸데없는

위의 구분에서 '쓸 데 없는'은 각각의 단어들이 의미를 가지고 있어요. 그 말은 각각이 단어라는 것이고 단어는 띄어 쓴다는 원칙에 부합하는 거예요. 그런데 '쓸데없는'은 '사용할 수 없다'라는 뜻이잖아요. 즉 하나의 단어가 된 것이지요. 여기서 정말 중요한 질문이 떠오르셔야 합니다. 왜 하필 '글씨를 쓰다'라는 의미가 있는지 없는지로 구분하는 걸까요? 이런 질문을 하실 수 있는 분이 있다면 정말 대단하신 거예요. 좋은 질문입니다.

이 질문에 답하기 위해서는 우리말 '쓰다'에는 어떤 것이 있는지부터 생각해 보아야 해요.

① 글씨를 <u>쓰다</u>.
② 모자를 <u>쓰다</u>.

③ 맛이 <u>쓰다</u>.

④ 사용하다: 이거 어디에 <u>써요</u>?

위의 네 가지 중에 무엇이 제일 먼저 떠오르시나요? 대개 ①이 가장 먼저 떠올라요. 우리가 가장 많이 쓰는 말이니까요. 앞뒤 맥락 없이 '쓰다'라는 단어를 보았을 때 우리는 대개 ①번의 의미를 생각하게 되지요. 그것이 이 단어의 힘이에요. ①~④ 중 ①번이 가장 생산성이 높다는 것을 의미해요. 반면 '사용하다'라는 의미의 '쓰다'는 힘이 약해졌습니다. 이게 무슨 말일까요?

옛날에 ②, ③, ④는 '쓰다'로 적었답니다. 이때는 ①~④의 의미가 혼동될 일이 없었겠네요. 하지만 'ㅄ'이 'ㅆ'으로 변화되면서 이들의 발음이 같아진 거죠. 그런데 ②와 ③에 비해 ④는 ①과 함께 쓰이는 일이 많아요. 의미를 구분하려고 '사용하다' 등의 다른 단어로 바꿔 쓰게 되면서 이전보다 사용 빈도가 준 거지요. 그래서 '쓸데없는' 속의 '쓰다'도 단어 속의 하나의 의미로 취급하게 된 거랍니다. 그런데 이것이 완전히 새로운 단어가 된 것인지 아닌지에 대해서는 학자마다 견해가 달라요. 새로운 의미를 부여받으면 하나의 단어라 할 수 있는데 그 기준도 애매하고 해석도 복잡하거든요.

이런 경우에는 '아하, 이런 복잡한 사연이 있구나'로 받아들이는 것이 무턱대고 외우는 것보다 오히려 진실에 가깝습니다. 다만 복잡한 사연을 외면하지만 말고 그 원리를 다른 것과 연결시키는 훈련은 하셨으면 해요. 그게 언어를 크게 바라보고 그 속에서 문법을 익힐 수 있는 방법이니까요.

　사담 하나!!

　'쓸데없는'이나 '쓸모없는' 이라는 단어는 사람에게 쓰지 않았으면 좋겠어요. 그 사람이 얼마나 성장할지는 아직 모르는 거잖아요. 또 내가 '쓸데없는'이나 '쓸모없는'이라는 단어로 남을 평가할 자격이 있는지도 생각할 필요가 있어요.

알은척 vs 아는 척

'알은 척'이라는 말은 아주 이상한 말입니다. 우선 '알은'에 주목해 보세요. 여러분, 이전에 '알다'를 '알은'이라 표기해야 하는 상황을 만난 적이 있나요? 없다고 해야 정상입니다. 현재 우리말에서는 나올 수 없는 표현이거든요. '알다'로 다른 말을 꾸미는 연습을 해 보지요.

- 나는 그 사람을 10년 전부터 안다. 앞으로 40년 이상은 더 갈 관계다.

  → 10년 전부터 아는 사람(현재)

  → 10년 전부터 안 사람(과거)

→ 40년 이상을 알 사람(미래)

국어의 '알다'는 자음과 만나면 'ㄹ'이 탈락하는 동사입니다. 미래의 '알'은 '알+ㄹ(미래를 나타내는 관형형 어미)'에서 앞의 'ㄹ'이 탈락한 거예요. 국어에서 'ㄹ'로 끝나는 동사들은 다 그렇습니다. 아래의 예들처럼 말이지요.

- 팔다: 파는(현재), 팔(미래), 판(과거)
- 살다: 사는(현재), 살(미래), 산(과거)
- 굴다: 구는(현재), 굴(미래), 군(과거)

왜 '알은'이 이상한 말인지 아시겠지요. 말은 현대의 우리가 쓰는 말이 아니거든요. '현대의 우리가 쓰는 말'과 짝을 이루는 말을 생각해 보세요. '과거의 선조들이 쓰던 말'이겠지요. 그때 생긴 '알은'이 단어 속에 남아 오늘날 전해지는 거예요. 그러니 '알은 척'은 없고 '알은척'만 있는 것이지요. 이전에는 두 단어였겠지만 새로운 의미를 얻어 하나의 단어로 변했기 때문이지요. 그래서 이 단어는 항상 붙여 써야 합니다. 명사 '알은척'과 동사 '알은척하다'가 각각 한 단어입니다.

그리고 이 단어는 두 단어인 '아는 척'과는 다른 말이겠지요. '아는 척'은 어떤 의미인가요?

- 그녀는 너무 아는 척을 한다.

'잘난 척, 있는 척'의 의미를 보면 '척'의 의미 또한 알 수 있겠지요. '아는 척'은 알고 있다는 사실을 지나치게 과시하여 거짓처럼 느껴질 때 주로 쓰이지요. 심지어는 제대로 알지 못하면서 아는 것처럼 거짓으로 그럴듯하게 꾸민다는 뜻을 나타내기도 합니다. 그러나 옛 질서를 단어 속에 포함하고 있는 '알은척'은 그런 의미가 아닙니다. 아래 예를 보세요.

- 그녀는 나를 알은척도 안 한다.

지식을 과시한다는 의미는 전혀 보이지 않지요? 여기서 '알은척 않다'는 '거들떠보지도 않는다'는 의미입니다. 거들떠보지 않다는 어떤 뜻이던가요? '관심을 갖지 않다'는 의미이지요. 그래서 '거들떠보다'나 '알은척하다'는 모두 관심을 보인다는 의미를 갖고 있어요. 따라서 아래와 같은 문장에서는 인사를 했다는 의미로 해석되지요.

- 그녀는 나를 알은척하며 지나갔다.

'알은척'이 왜 띄어쓰기 없이 표기되어야 하는지, 그리고 그 뜻이 '아는 척'과 어떻게 다른지를 이해하실 수 있겠지요.

그렇다면 이를 '척'과 비슷한 의미의 '체'에 적용해 볼까요? '체'
와 '척'은 모양은 다르지만 의미와 기능이 같은 단어이거든요.

- 그는 경제 구조의 원리를 아는 체했다.
- 그는 우리를 알은체하며 다가왔다.

- 새어머니는 그를 알은체하지도 않았다.

여기서 의존명사 '체'와 '채'의 뜻을 한번 구분하고 지나가지요. '체' 속에는 '거짓으로 꾸미다'라는 의미가 들어 있어요. 하지만 '채'는 '~인 상태로'의 의미입니다. 둘이 아예 다른 단어이지요. 하지만 많이 혼동되어 쓰이니 묶어서 차이를 기억하는 것이 좋습니다.

- 그는 너무 잘난 체 하는 것이 병이다.
- 신발도 제대로 신지 못한 채 뛰어나갔다.

이들 이외에 '아직, 미처'의 의미를 갖는 부사 '채'도 있어요. 아래의 문장처럼 쓰이지요.

- 채 피지도 못한 꽃.
- 역에 채 도착하기도 전에 기차가 떠났다.

밀가루를 내리는 도구는 뭐냐고요? 그것은 '체'로 적습니다. 명사이지요. 이런 질문이 떠오르면 즉시 확인하세요.
'체, 채'를 잘 구분하기 어려운 이유는 우리말의 '에'와 '애'가 합류되고 있기 때문이라고 했었지요. 표기의 속도는 언어 변화의 속도보다 언제나 느리답니다. 아무리 언어 변화가 이루어지고 있다

할지라도 우리는 구분하여 적어야 한다는 점을 기억하세요. 그래야 의미 구분을 제대로 할 수 있거든요.

5장

우리가 쓰는 말이
맞춤법이 된다

언어는 변해요. 그 변화하는 언어의 단면을 잘라 규범을 만드는 거예요. 그러니 변화 중인 언어는 현실을 정확하게 반영하지 못하는 경우도 많습니다. 이것은 언어의 변화라는 속성 때문에 필연적으로 생기는 일이지요. 그래서 때로는 두 개의 단어를 표준어로 정하기도 하고 이전에 표준어였던 것을 수정하는 경우도 많아요. 이미 죽었다고 생각하는 단어들은 없애기도 하고 새로 생긴 말을 표준어에 반영하는 거지요.

그래서 맞춤법도 자꾸 변합니다. 표준어를 소리 나는 대로 쓰고 어법에 맞게 적는 것이 맞춤법이니까요. 여기서 중요한 것은 이렇게 표준어를 수정할 때 판단의 기준으로 삼는 것은 여러분들이 사용하는 말이라는 점이에요. 여러분이 쓰고 있는 말이 실제 언어이고 규범은 이를 토대로 하여 만들어지는 것입니다.

맞춤법이 변화된 목록을 하나 볼까요?

- 이 자리를 (빌어/빌려) 모든 친구들에게 고맙다는 말을 전한다.

괄호 속에 알맞은 말은 뭘까요? '빌려'입니다. 그런데 많은 분들이 '빌어'로 씁니다. 연말 TV 시상식에서 많은 수상자들도 '이 자리를 빌어'라고 표현하는 일이 많지요. 왜 이런 현상이 생길까요. 잠깐 과거로 돌아가 보기로 해요.

그 즈음 아버지가 부산 감옥소에 갇혀 버리자 빌어 살던 방 한

칸마저 쫓겨나 길바닥에 나앉게 된 우리 식구를 자기 움막에 같이 살게 해 주었다.

- 김원일, 《노을》, 1978년

1978년 발행된 소설의 한 구절입니다. 이 구절은 '남의 것을 대가를 치르고 얼마 동안 쓴다'는 의미에 '빌다'를 사용했네요. 그 당시의 맞춤법이 그러했습니다. 저도 이 맞춤법을 배웠는데요. 그때 국어 선생님께서 설명한 방식을 그대로 옮겨 볼게요.

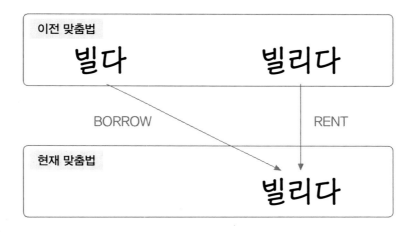

국어 선생님이 이 책을 보시면 기뻐하실 거예요. 선생님은 '빌다'와 '빌리다'를 영어의 'rent'와 'borrow'로 구분하시면서 '빌다'는 남에게 얻는 것을, '빌리다'는 남에게 주는 것으로 구분해 주셨어요. 정말 그럴 듯하다고 생각했지요. 왜냐고요?

저희 집은 자녀가 네 명이에요. 그래서 집주인들은 우리에게 방을 세놓는 것을 꺼려 했어요. 이사를 다닐 때마다 집주인들 앞에서 쩔쩔 매던 어머니의 얼굴은 지금도 기억이 나요. 때로는 우리 집에서 가장 말썽쟁이인 저를 할머니 집으로 보내고 집을 구한 적도 있어요. 자녀가 적어야 집을 내주던 시절이었지요. 그러니 집을 얻는 일은 '간구(懇求)' 그 자체였습니다.

셋방을 구하는 상황에서 제가 어떤 표현을 쓰고 있나 보세요. '간구: 간절히 구하다', '얻다', '쩔쩔 매다'를 쓰고 있지요. 그때는 임대인에 대한 보호라는 말조차도 없던 시대잖아요. 정당하게 돈을 내고 얻더라도 처분만을 바라는 심정의 셋방살이였던 거지요.

그러나 지금은 좀 달라요. 물론 남의 집을 빌려서 쓰고 있는 사람들은 많지만 정당한 대가를 치르는 것이므로 당당하게 권리를 행사하고 있잖아요. 이런 상황에서 남의 돈이나 남의 물건을 쓰는 것에 '빌다'라는 용어를 쓰는 것은 조금 구차하지요. 실제로 언어를 사용하는 사람들 자체가 이런 상황에서 '빌어'라는 말을 쓰지 않아요. 그러니 그런 사람들의 말을 반영하여 맞춤법을 수정해야 했던 것이지요.

이 수정 덕분에 '빌다'의 의미가 간결해졌어요. 정리해 볼까요? 뜻을 정리하는 것이 아니라 이 말이 어떤 단어와 함께 쓰이는가를 보아야 해요. 그래야 진짜 언어를 배우는 것입니다.

- 잘못을 빌다.　　　→ 사죄하다
- 소원성취를 빌다.　→ 기도하다

- 양식을 빌다.　　→ 구걸하다

　이 장에서는 이런 방식으로 맞춤법이 변화한 것을 다룰 거예요. 본격적인 논의 이전에 잠깐 한 가지 문제를 짚고 넘어가지요.

　언젠가 맞춤법이 일관성 없게 자꾸 변화된다고 화를 내는 기사를 보았습니다. 규범이 자꾸 바뀌면 이를 준수하기 어렵기 때문에 더 복잡하다고 느끼는 것은 당연한 일입니다. 더구나 자신의 일이 문서를 다루는 일이어서 맞춤법에 민감하다면 화가 날 수도 있습니다. 정책의 일관성을 지켜야 하지 않겠느냐고 항의할 만한 사안인 거지요.

　저는 이 책을 만들면서 '국립국어원'의 자료실에 자주 방문합니다. 그리고 이 기관에 정말 많은 사람들이 다녀간다는 사실에 놀라곤 합니다. 묻고 답하기 게시판에만 해도 2015년 7월 10일 오전 10시를 기준으로 82,757건의 자료가 올라와 있으니 말이지요. 여기에는 정책의 일관성을 촉구하는 글도 올라오고요. 잘못 지정되어 있는 것을 수정해야 한다고 주장하는 글도 올라옵니다. 무엇이 혼동되고 있는지도 확인할 수 있어요.

　왜 국립국어원 얘기를 길게 하느냐고요? 저는 이렇게 언어에 대해 갑론을박할 수 있는 분위기가 좋습니다. 언어는 끊임없이 변화하는 것입니다. 그리고 주관적인 요소가 많아서 내가 말하는 것과 남이 말하는 것이 정확하게 같은지를 확신할 수 없는 경우도 있지요. 그런 언어를 가지고 우리는 소통하며 살아갑니다. 그 소통이 올바르려면 언어에 대해 더 잘 알아야 한다고 생각해요. 그리고 우리는 적어도 그 소통의 장에 접근할 수 있다는 것이 기쁜 일이지요.

마지막으로 시대에 따라 변화된 맞춤법을 여기 소개할게요. 가장 많은 것은 현재 표준어와 같은 뜻으로 널리 쓰이는 말을 복수 표준어로 인정한 경우입니다. 혹은 현재 표준어와는 뜻이나 어감이 달라 이를 별도의 표준어로 인정한 것도 있지요. 무엇보다 중요한 사실은 맞춤법의 기준이 되는 게 우리들의 실제 언어생활이라는 점입니다. 묵직한 책임감을 가지고 이번 장을 공부하도록 해요.

추가된 표준어	현재 표준어	뜻 차이
개기다	개개다	개기다: (속되게) 명령이나 지시를 따르지 않고 버티거나 반항하다 (※개개다: 성가시게 달라붙어 손해를 끼치다)
꼬시다	꾀다	꼬시다: '꾀다'를 속되게 이르는 말 (※꾀다: 그럴듯한 말이나 행동으로 남을 속이거나 부추겨서 자기 생각대로 끌다)
놀잇감	장난감	놀잇감: 놀이 또는 아동 교육 현장 따위에서 활용되는 물건이나 재료 (※장난감: 아이들이 가지고 노는 여러 가지 물건.
딴지	딴죽	딴지: (주로 '걸다, 놓다'와 함께 쓰여) 일이 순순히 진행되지 못하도록 훼방을 놓거나 어기대는 것 (※딴죽: 이미 동의하거나 약속한 일에 대하여 딴전을 부림을 비유적으로 이르는 말)
사그라들다	사그라지다	사그라들다: 삭아서 없어져 가다 (※사그라지다: 삭아서 없어지다)
섬찟	섬뜩	섬찟: 갑자기 소름이 끼치도록 무시무시하고 끔찍한 느낌이 드는 모양 (※섬뜩: 갑자기 소름이 끼치도록 무섭고 끔찍한 느낌이 드는 모양)

속앓이	속병	속앓이: 1 속이 아픈 병. 또는 속에 병이 생겨 아파하는 일 2 겉으로 드러내지 못하고 속으로 걱정하거나 괴로워하는 일 (※속병: 1 몸속의 병을 통틀어 이르는 말 2 위장병을 일상적으로 이르는 말 3 화가 나거나 속이 상하여 생긴 마음의 심한 아픔)
허접하다	허접스럽다	허접하다: 허름하고 잡스럽다 (※허접스럽다: 허름하고 잡스러운 느낌이 있다)

※ 2014년 8월 29일에 공표된 항목임.

추가된 표준어	현재 표준어	뜻 차이
~길래	~기에	~길래: '~기에'의 구어적 표현
개발새발	괴발개발	'괴발개발'은 '고양이의 발과 개의 발'이라는 뜻이고, '개발새발'은 '개의 발과 새의 발'이라는 뜻임
나래	날개	'나래'는 '날개'의 문학적 표현
내음	냄새	'내음'은 향기롭거나 나쁘지 않은 냄새로 제한됨
눈꼬리	눈초리	눈초리: 어떤 대상을 바라볼 때 눈에 나타나는 표정 예) '매서운 눈초리' 눈꼬리: 눈의 귀 쪽으로 째진 부분
떨구다	떨어뜨리다	'떨구다'에 '시선을 아래로 향하다'라는 뜻 있음
뜨락	뜰	'뜨락'에는 추상적 공간을 비유하는 뜻이 있음
먹거리	먹을거리	먹거리: 사람이 살아가기 위하여 먹는 음식을 통틀어 이름
메꾸다	메우다	'메꾸다'에 '무료한 시간을 적당히 또는 그럭저럭 흘러가게 하다.'라는 뜻이 있음
손주	손자(孫子)	손자: 아들의 아들. 또는 딸의 아들 손주: 손자와 손녀를 아울러 이르는 말
어리숙하다	어수룩하다	'어수룩하다'는 '순박함/순진함'의 뜻이 강한 반면에, '어리숙하다'는 '어리석음'의 뜻이 강함

연신	연방	'연신'이 반복성을 강조한다면, '연방'은 연속성을 강조
휭하니	휭허케	휭허케: '휭하니'의 예스러운 표현
걸리적거리다	거치적거리다	자음 또는 모음의 차이로 인한 어감 및 뜻 차이 존재
끄적거리다	끼적거리다	〃
두리뭉실하다	두루뭉술하다	〃
맨숭맨숭/ 맹숭맹숭	맨송맨송	〃
바둥바둥	바동바동	〃
새초롬하다	새치름하다	〃
아웅다웅	아옹다옹	〃
야멸차다	야멸치다	〃
오손도손	오순도순	〃
찌뿌둥하다	찌뿌듯하다	〃
추근거리다	치근거리다	〃

※ 2011년 8월 31일에 공표된 항목임.

너무 좋다

맞춤법도 바뀝니다. 당연히 표준어가 먼저 바뀌겠지요. 맞춤법은 표준어를 소리 나는 대로 쓰는 것이니까요. 물론 어법에 맞게 말입니다. 여러분도 맞춤법이 바뀌는 현장에 놓여 있어요. 그 대표적인 예를 몇 개 들어 볼까요? '너무'와 '짜장면', '도찐개찐'이 그런 예들이지요. '너무'부터 관련된 사연을 알아봅시다.

• 전지현은 너무 예쁘다.

위 예시는 잘못된 문장으로 다루어지던 것입니다. 단어 하나하나를 따지면 맞춤법에 틀리는 말이 없어요. '너무'도 '예쁘다'도 맞춤법에 맞는 말이니까요. 하지만 이 문장은 '너무'라는 단어가 부적절하게 사용되었다는 점에서 비문으로 분류되었어요. '너무'는 부정적인 느낌을 가진 말이어서 '예쁘다'라는 긍정적인 어감을 가진 말과는 호응하지 않는다는 이유였지요. 마치 '결코'나 '별로'가 '예쁘다'와 어울리지 않는 것처럼 말이지요.

- 김남미는 *별로 예쁘다.
- 김남미는 별로 예쁘지 않다.

- 김남미는 *결코 예쁘다.
- 김남미는 결코 예쁘지 않다.

그런데 이제는 그런 일이 없어지겠어요. '너무'가 '예쁘다, 좋다, 반갑다' 등의 긍정적인 어휘와 어울리는 것을 허용하게 되었거든요. 국립국어원에서는 지난 2015년 6월 22일 자의 알림 소식으로 이를 공표했어요. 이제 공식 문서에서도 '너무'를 긍정적인 어휘와 연결해서 사용할 수 있게 된 거예요.

'너무'가 긍정적인 표현에 쓰일 수 있게 되었다고 기뻐할 일도, 이랬다저랬다 한다고 화를 낼 일도 아니에요. 정작 중요한 것은 이런 일이 가능하게 되는 이유가 무엇인가 생각해 보는 거예요. 한국어의 주인은 한국어를 사용하는 사람들입니다. 우리가 하는 말을 기준으로 표준어를 정한 거예요. '너무'가 부정적인 어휘와 어울린다는 현상 역시 우리들의 말 속에서 온 것입니다.

그런데 언어는 끊임없이 변하는 거예요. 알게 모르게 자꾸 변하지요.

• 그녀는 별로 예쁘다.

세종께서 살아 있던 15세기에는 위와 같은 말이 어색하지 않았어요. '별로'가 긍정적인 어휘와 잘 어울렸던 거지요. 그런데 시간이 흐르면서 한국어를 사용하는 사람들의 언어가 바뀐 거지요. 그래서 '별로'가 긍정적인 어휘와 어울리지 않게 되었고, 우리는 위의 문장을 보면 어색하다고 느끼는 거예요.

'너무' 역시 마찬가지입니다. 원래 '너무'에 부정적 의미가 들어 있어서 부정적인 어휘와 호응하는 것이 일반적이었지요. 그런데 오랜 시간에 걸쳐 '너무'가 조금씩 조금씩 긍정적 언어들과 만나기 시작한 거예요. 이런 변화는 주로 말을 통해서 이루어진답니다. 그러다 아주 많은 사람들이 그 말을 사용하게 되면 언어 정책자들이 대다수 언중의 말을 받아들이는 거예요. 결국 한국어를 사용하는 우리가 표준어와 맞춤법을 변화시키는 거지요.

더 중요한 일이 있어요. '너무'를 긍정적 어휘와 함께 쓸 수 있다는 것이 여러분의 문서에 이를 더 많이 적용할 수 있게 되었다는 의미일까요? 그렇지만은 않습니다. 예를 들어 보지요. 여러분이 보고서에 이렇게 썼다고 가정해 보세요.

- 4분기 수익 구조가 너무 개선되었음.

여기서 문제가 되는 것은 '너무'와 '개선되다'가 호응하느냐 마느냐가 아니에요. 보고서라는 문서의 특성이지요. '너무', '매우', '아주'와 같은 부사어들은 주관이 개입되어 있는 말이에요. 원천적으로 객관적인 전달이 어려운 어휘들이지요. 그래서 보고서나 기획서와 같은 문서에서는 이런 용어들을 자제해야 합니다. 맞춤법 자체보다 자신이 작성하는 글의 목적을 이해하는 것이 더 중요하다는 점을 명심하셨으면 좋겠어요.

짜장면과 자장면

2010년 2월 이전까지만 해도 '짜장면'은 표준어가 아니었답니다. 그래서 '짜장면'이라고 쓰는 것은 맞춤법에 어긋났어요. '자장면'이 맞는 표기였답니다. 물론 '자장면'은 우리에게 참으로 낯선 말이에요. 그래서 많은 사람들이 '자장면'은 '짜장면' 같지 않다고 말했어요. 대대적으로 항의를 한 사람들도 있었답니다. 그러다가 드디어 2011년에 '짜장면'을 표준어로 인정하게 되었습니다.

'짜장면' 표준어 됐다!
생활 속에서 널리 쓰이는 말 39항목 표준어 인정

국립국어원은 실생활에서 많이 사용하고 있으나 그동안 표준어로 인정받지 못했던 '짜장면, 먹거리' 등 39개를 표준어로 인정하였다. 국립국어원은 1999년에 국민 언어생활의 길잡이가 되는 〈표준국어대사전〉을 발간한 이후 언어생활에서 많이 사용되지만 표준어로 인정되지 않은 단어들을 검토하는 일을 꾸준히 해 왔다. 표준어를 새로 인정하는 일은 신중하게 해야 하는 일이어서 어문 규정에서 정한 원칙, 다른 사례와의 관계, 실제 사용 양상 등을 거쳐 새 표준어 대상으로 선정된 총 39항목이 2011년 8월 22일 국어심의회 회의에서 최종적으로 확정되었다. 이번에 표준어로 인정된 말은 기존 표준어에 더하여 추가로 인정된 것이고, 기존의 표준어 역시 그대로 사용할 수 있다. 또한 이는 표준어 규정과는 관계가 없이 일부 항목을 추가한 것으로 표준어 규정은 여전히 유효하다.

그런데 주목할 점이 있어요. '짜장면'이 표준어가 되었다고 해서 '자장면'이 더 이상 표준어가 될 수 없다는 말이 아니라는 점이에요. 제가 늘 말씀드렸지요? 어떤 단어가 표준어다 아니다가 중요한 것이 아니라 왜 그런 결정을 내렸는지를 궁금해 해야 한다고요. 그래야 우리말의 문법을 제대로 알 수 있게 됩니다. 우리말 문법을 안다는 것은 표준어를 이해하는 길이 되고, 표준어를 알아야 맞춤법을 알 수 있게 되니까요.

그러면 2011년 이전에 '자장면'을 표준어로 결정한 이유부터 알아야겠지요. '자장면'은 여전히 표준어니까요. '자장면'이라는 표기를 이해하려면 이 단어가 외래어라는 점에 주목해야 합니다. 원래 '자장면'은 중국 음식이잖아요. 그러니 이름도 중국에서 들어왔겠지요. '자장'은 중국어에서 [zhajiang]으로 소리 나거든요. 이를 반영한 것이 '자장면'인 거예요.

외래어라고 하더라도 우리는 '자장면'이라고 거의 발음하지 않는데 왜 원래 음을 반영해서 써야 한다고 생각한 것일까요? 여기서 하나의 규칙이 하나의 단어에만 적용되는 것이 아니라는 점을 기억해야 합니다. 규범은 다양한 사례를 일관되게 설명할 수 있어야 하니까요. 먼저 [zh]로 시작하는 다른 외래어들이 얼마나 될지를 상상해 보세요. 국제화가 지속되면 될수록 우리가 상상한 것 이상의 외래어들이 들어오게 되겠지요.

'짜장면'이라는 외래어의 첫소리가 'ㅉ'으로 발음되니 'ㅉ'으로 적어야 한다는 주장은 [zh]로 시작하는 모든 외래어들을 'ㅉ'으로 적어야 한다는 것을 함의한답니다. 그렇게 되면 상상할 수 없는 많은 단어들이 원어에서 멀어지게 되거든요. 이러한 사정 때문에 '짜장면'을 '자장면'으로 적어야 한다고 규정한 것이랍니다. 제가 항상 말했지요. 맞춤법은 단어 하나만을 대상으로 정해지는 것이 아니라고요.

그런 사정이 있는데도 '짜장면'을 '자장면'과 함께 표준어로 지정하게 된 사정은 뭘까요? 가장 중요한 이유는 실제 국어 생활에서 대부분의 사람들이 이 단어를 '짜장면'이라고 말한다는 점입니다. 국립국어원에서는 우리가 이 말을 어떻게 발음하고 있는지를 직접 조사했다는 기록도 발견된답니다. 그렇다면 이런 질문도 가능하겠군요. 외래어 표기법도 우리가 실제 언어생활에서 얼마나 자주 사용하는가로 결정되는 것일까요?

여기서 우리가 주목해야 할 것은 '외래어 표기법'이라는 말입니다. 맞춤법의 대원칙을 다시 한 번 기억해 보세요. 표준어를 소리 나는 대로 적되 어법에 맞게 적는다는 것이지요. 여기서 표준어는 '교양 있는 사람들이 두루 쓰는 현대 서울말로 정함을 원칙'으로 하지요. 그리고 이 표준어는 '소리'입니다. 그리고 그 소리를 적는 것이 맞춤법이고요. 그런데 '외래어 표기법'은 어떤가요? 아예 '표기법'이라고 규정되어 있습니다. 즉 '외래어를 우리글로 적는 데 관여하는 법'이라는 의미입니다.

그러니 우리말을 사용하는 사람을 대상으로 '짜장면'의 사용 빈도를 조사했다는 것 자체가 '짜장면'을 우리말 취급한다는 것을 의미하는 거지요. 아예 우리말이 된 말이니 외래어 표기법 원칙이 아니라 우리말 원칙을 적용하려는 거지요. 그러면 어원에서 멀어진 것으로 간주하여 소리 나는 대로 적으면 되니까요.

실제로 '자장면'이라는 표기를 반대한 많은 사람들이 '짜장면'은 중국 음식이 아니라 우리 음식이라고 말했답니다. 중국에서 들어오기는 했으나 우리나라에 들어와서 대한민국화되었다고 보는 거예요. 실제로 중국의 짜장면과 우리나라의 짜장면은 그 모양과 맛이 상당히 다르기도 하고요. 이런 경우 '짜장면'은 우리말의 일반명사라 취급할 수 있을 거예요.

어떤가요? '자장면'과 '짜장면' 둘을 모두 맞춤법으로 인정하게 된 사연은 많이 복잡하지요? 하지만 중요한 사실 하나는 배웠어요.

단어 하나만을 보고 맞춤법을 정하지는 않는다는 사실이요. 다른 용례들이나 규범을 고루 살피면서 맞춤법을 지정하는 거예요. 그래야 규범으로서의 일관성을 지킬 수 있으니까요.

주책이 있다, 없다?

'주책'이란 단어의 사전적 의미를 찾으면 당황스럽답니다.

> 주책[명사]
>
> 1. 일정하게 자리 잡힌 주장이나 판단력
>
> 2. 일정한 줏대가 없이 되는 대로 하는 짓

1의 의미와 2의 의미가 정반대인 것 보이시지요. '일정하게 자리

잡힌 주장이나 판단력'이 '줏대'이니까요. 어떻게 이런 일이 생기는 것일까요? 역시 우리말을 사용하는 사람들 때문입니다.

원래 주책이라는 말은 '주착(主着)'에서 온 말로 '줏대'나 '주견(主見)'의 의미를 가졌습니다. '주착'이라는 발음은 없어져 오늘날에는 '주책'이란 말로 사용되는데요. 원래 '줏대'나 '주견'이라는 의미로 쓰였으니 원뜻에 부정적인 의미는 들어 있지 않았지요. 그런데 아래의 단어들을 보세요.

- 아침 먹었니?　　　　→ 아침밥
- 머리 자르니 예쁘다.　→ 머리카락
- 코가 많이 나와요.　　→ 콧물

위 문장 속의 '아침, 머리, 코'는 실제로 '아침밥, 머리카락, 콧물'을 가리키는 말이에요. 그런데 연결되어 사용하는 일이 많아지면, 둘의 의미가 서로 영향을 주는 일이 생기겠지요. 원래 '아침밥 먹었니?'로 표현하였던 말이 '아침 먹었니'로도 충분히 의사소통이 가능하게 된 것은 뒤에 쓰인 '밥'의 의미가 '아침'에 영향을 주었다는 뜻이에요.

학자들은 이런 것을 '전염'이라는 말로 표현하기도 한답니다. 한 단어의 의미가 다른 단어에 번진다는 의미로 사용되는 거예요. 의미의 전염이 일어난 단어들의 관계는 전염시킨 단어를 사용하지 않고도 그 의미가 전달돼요. 이런 현상이 일어난 후에는 전염이 일어난 단어만으로 표현하는 일이 더 많아지게 되고요. 두 개의 단어를 사용해 의미를 표현하는 것보다 하나로 표현하는 것이 더 경제적이니까요. 그래서 '아침'이라는 단어를 국어사전에서 찾으면 다음과 같습니다.

아침 [명사]

1. 날이 새면서 오전 반나절쯤까지의 동안

2. 아침밥(아침 끼니로 먹는 밥)

'주책'이라는 단어가 부정적 의미를 가진 것도 이런 사정이 관여하였답니다. '주책'이 부정적 의미를 가진 것 역시 아래의 과정을 거치게 된 것이겠지요.

① 옛날 주책이 있다. → '주관이 있다'는 긍정적 의미로 쓰였을 것임

② 옛날 주책이 없다. → '주관을 갖지 못했다'는 부정적 의미

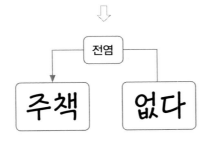

위의 과정을 통해 우리는 옛날에 '주책'이라는 단어는 '없다'라는 단어와 연결되어 쓰인 일이 많았다는 것을 알 수 있어요. 그러니 '주책 없다'에서 '없다'의 부정적 의미가 '주책'에 전염되었겠지요. 그 결과로 오늘날 '주책'이라는 단어에 부정적 의미가 실릴 수

있게 된 것이지요.

그러면 이제 문제가 되는 것이 아래 문장이 올바른가 그렇지 않은가입니다.

- 그는 참 *주책이야.
- 그는 참 주책이 없어.
- 그는 주책없는 사람이야.

위의 세 문장은 일상에서 흔히 쓰이는 문장들입니다. 그리고 우리가 이렇게 말한다는 것은 앞서 말한 '주책'과 '없다'의 관계를 통해서 설명할 수 있는 자연스러운 현상입니다.

그러면 맞춤법은 어떤가요? 표준어나 맞춤법은 공식적인 언어생활을 위해 실제로는 변화 중인 언어의 어떤 지점을 선택해서 규범을 만드는 거잖아요. 그래서 이 규범을 정해야 하는 사람들은 여러분이 어떤 방식으로 말하는가를 주의 깊게 살피고 이 변화가 어디까지 전개되었는가를 조사합니다. 그러고는 '주책'이라는 단어 속에 부정적 의미가 있다 하더라도 '주책이 없다'나 '주책없다'를 사람들이 여전히 사용하고 있는 점에 주목하여 결정을 내린 거예요. '주관이 없다'는 것을 표현할 때 '*주책이다'를 인정하지 않기로 한 거지요. 여기서 주목할 점은 여러분이 '주책이다'를 일상에서 사용하지 못하도록 표준어나 맞춤법을 만든 것이 아니라는 점입니다. 우리의 말이 어떤 방식으로 사용되고 있는가를 살피어 결정했다는 뜻이지요.

'주책이 있다'는 말이 없는 채로 현재의 변화가 지속된다면 100년 즈음 후에는 '주책이다'가 표준어가 될지도 몰라요. 하지만 지금, 여러분이 공식적인 언어 사용 현장에 있으시다면 현재의 규범을 따라야 합니다.

마지막으로 '주책'과 관련된 현재의 표준어를 정리해 드릴게요.

- 주책이 있다. → 사용되지 않음
- 주책없다. → '주관을 갖지 못했다'는 부정적 의미의 단어
- 주책(이) 없다. → '주관을 갖지 못했다'는 의미의 문장
- *주책이다. → '주책없다'의 잘못된 표현

먹거리 vs 먹을거리

2011년 이전만 해도 '먹거리'는 틀린 표현이었답니다. '먹을거리'라는 말로 수정해서 써야 한다고 말했었지요. 대체 그 이유는 무엇이었을까요?

이를 이해하기 위해서는 아래 두 단어의 차이를 발견할 필요가 있어요. 두 단어를 보고 무엇이 다른지 생각해 보세요.

- 오가다
- 살아가다

두 단어의 차이를 발견하셨나요? 차이를 밝힐 때는 반드시 공통점도 함께 생각하셔야 합니다. 그래야 이 둘을 비교하는 이유도 알게 되니까요. 이 둘의 공통점은 두 개의 단어가 합쳐져 한 단어를 이루었다는 데 있어요.

그런데 이 둘이 합쳐지는 질서가 다르네요. '오가다'는 동사와 동사 사이에 이를 연결하는 '어미'가 들어 있지 않아요. 그런데 '살아가다'의 경우는 '아'가 둘을 연결하고 있지요.

$$\text{오}- \text{가}-^\text{다} \quad \text{살}-^\text{아} \text{가}-^\text{다}$$

이 두 단어 중 더 옛날에 만들어진 단어는 '오가다'입니다. 무슨 말이냐고요? 15세기에는 이렇게 단어와 단어 사이에 어미가 들어가지 않고도 새로운 단어를 만들 수 있었습니다. 그래서 아래와 같은 단어들이 나타나지요.

- 듣보다
- 찍먹다

현대국어에서 이 두 단어는 모두 틀린 표기예요. 옳은 표현으로 바꾸면 '들어보다, 찍어먹다'이지요. 어미 없이 이렇게 직접 두 동사를 연결해 하나의 단어를 만드는 규칙이 사라졌기 때문에 현대의 우리는 새로운 단어를 만들 때 어미를 넣는 거지요. 여기서 당연히 두 개의 질문이 생겨야 하겠네요. 첫 번째는 '오가다'처럼 단어끼리 직접 연결된 단어들은 오늘날에도 많지 않냐고요. 네, 맞습니다.

- 여닫다, 우짖다, 굳세다, 뛰놀다, 검붉다, 오르내리다, 감싸다

이 단어들은 옛날에 만들어져 내려온 말입니다. 오늘날 새로이 만들어진 단어가 아니지요. 어떻게 아느냐고요. 말을 만들 때는 자신이 사용하는 단어를 가지고 연결하게 되거든요. 혹시 '살아가다'를 띄어 써야 하는 것은 아닌가 하고 고민한 분들 있으신가요? 그 생각이 '살아가다'가 현재 살아 있는 규칙으로 만들어졌다는 증거랍니다. 비교해 볼까요? '오가다'와 '살아가다'를 띄어 쓴다고 상상해 보세요.

- 여기저기 오가는 사람들 → 여기저기 *오 가는 사람들
- 우리가 살아가는 모습 → 우리가 *살아 가는 모습

우리는 '오가다'에서 '오'와 '가다'를 띄우는 것 자체를 상상할 수 없잖아요. 그래서 학자들은 '오-'와 '가-'가 어미 없이 결합해 단어를 만드는 규칙은 더 이상 살아 있지 않은 것이라고 설명하는 거지요.

222

두 번째 질문이 남아 있었다는 것 기억하시지요? '오가다', '살아가다'가 '먹거리'와 무슨 상관이냐는 질문입니다. 항상 지금 이 예를 무엇 때문에 논의하고 있는지를 놓치지 않는 것이 중요하지요. '오가다'의 예가 '먹거리'가 이전에 표준어로 받아들여지지 않은 이유를 설명해 주거든요.

'먹거리'는 '먹다'와 '거리'가 결합된 단어입니다. 그렇다면 '거리'가 붙은 다른 단어를 떠올려 보세요. 어떤 것이 있나요?

- 읽을거리(*읽거리), 볼거리(*보거리)
- 국거리, 이야깃거리, 논문거리, 반찬거리, 군것질거리

위의 단어들 중 몇몇이 떠올랐으면 합니다. 관련된 단어를 떠올리는 것도 연습하면 는답니다.

여기서 '읽을거리', '볼거리'가 '먹거리'의 질서를 따른다고 생각해 보세요. '*읽거리', '*보거리'가 되어야 하겠지요. 보기만 해도 어색하지요? 현재의 질서는 동사가 명사 '거리'를 꾸미려면 관형형어미 'ㄴ, ㄹ, 는'과 결합해야 하잖아요. 그런데 '먹-'은 명사와 직접 결합하였으니 이상한 것입니다. 그래서 '읽을거리', '볼거리'처럼 '먹을거리'가 되어야 한다고 판단한 거지요. 그리고 실제로 '먹을거리'라고 말하는 사람도 많고요.

그러면 2011년에 왜 '먹거리'를 표준어로 인정한 것일까요? 여기서 중요한 것은 '먹을거리'가 표준어라는 점은 변하지 않았다는

사실입니다. 현재의 질서를 따르는 단어가 있는데 '먹거리'를 추가로 인정했다는 것은 사람들이 이 단어를 여전히 많이 쓰고 있기 때문이에요. 원래 단어는 의미가 똑같은 것이 동시에 존재하지 않으려는 속성이 있습니다. 꼭 같은 단어를 두 개나 가진다면 비경제적인 일이니까요. 따라서 같은 의미를 가진 말들은 서로 경쟁하게 되고 하나의 단어가 더 이상 쓰이지 않게 되거나 둘의 의미가 구분되어 쓰이게 됩니다.

물론 일시적으로 꼭 같은 의미의 단어가 공존하는 경우도 있어요. 대표적인 예가 외래어가 들어오게 되는 경우예요. '모친(母親)'과 '어머니'가 대표적 예이지요. 처음 '모친'이라는 말이 우리나라에 들어왔을 때는 '어머니'와 의미가 꼭 같은 말이었겠지요. 그래서 이들은 경쟁 관계에 있었을 거예요. 하지만 지금에 이르러서는 이를 같은 상황에서, 같은 의미로 쓰지는 않아요. 의미가 구분되어 쓰인다는 의미지요. 아래 예를 보세요.

- 어머니, 학교에 다녀왔습니다. (○)
- 모친, 학교에 다녀왔습니다. (×)

'먹거리'와 '먹을거리' 둘을 모두 인정한 것은 이 두 단어의 의미가 구분되어 쓰인다고 생각했기 때문이에요. 더 근본적인 이유는 사람들이 '먹을거리'를 쓰면서도 여전히 '먹거리'를 사용한다는 점이지요. 그래서 '먹거리'가 과거에 만들어져서 온 단어라 생각하게 된 것이겠지요. 그리고 두 단어가 아래의 질서로 쓰인다는 것을 발견하고 둘 모두 사전에 올리게 된 거예요.

- 먹거리: 사람이 살아가기 위하여 먹는 온갖 것
- 먹을거리: 먹을 수 있거나 먹을 만한 음식 또는 식품

아무리 봐도 둘의 의미가 이렇게 구분되어 쓰이는 것 같지 않다고요? 아직 이 두 단어의 경쟁 관계가 완전히 결론나지 않았기 때문에 그런 생각이 드는 거예요. 결론 나지 않은 상태에서 둘을 구분해야겠다고 마구잡이로 외우는 것은 그리 권하고 싶지 않습니다. 왜 그런지 이즈음이면 아시겠지요?

실은 '먹거리'와 '먹을거리'의 의미 구분보다 더 중요한 질문을 해야 하기 때문에 사족을 줄이는 중입니다. 더 중요한 질문은 뭘까요?

- *먹을 거리, *볼 거리, *읽을 거리
- 사먹을 거리, 장볼 거리, 책 읽을 거리
- 놀 거리, 구경할 거리, 마실 거리

제가 특수한 몇몇보다 공통점을 가지는 많은 것들에 관심을 두라고 했었지요. '먹거리'와 '먹을거리' 이외의 단어들이 어떤 질서로 움직이고 있는가에 주목해야 합니다. 이 단어들은 문장 속에서

‘놀 거리’, ‘마실 거리’처럼 꾸밈말과 꾸밈 받는 관계로 남아 있어요. 동사에 ‘ㄹ’을 붙이고 있다는 점, 보이시지요? 각각의 단어라 떼어 쓴 것도요. 그중 ‘먹을거리, 볼거리, 읽을거리’와 같은 소수의 단어들이 하나의 단어가 된 것 뿐이에요. 또 그중 하나가 ‘먹거리’와 ‘먹을거리’의 관계를 보이는 것이고요.

전체에서 이 단어의 크기를 생각해 보세요. 그래야 현재 문제의 크기가 보인답니다.

내음과 냄새

저는 책상 위에 시집을 놓아두고 가끔 시를 읽어요. 그러다 멋진 시를 발견하면 적어 둡니다. 시를 좀 더 잘 이해하고 싶어서 전공하는 학자들에게 시를 어떻게 읽냐고 물으니, 하나하나 무슨 뜻인지 따지려 하지 말고 그냥 느끼라고 하더라고요. 여러분도 아래 시를 느껴 보세요.

새로 피는 꽃내음과 아기 비내음과
나무내음과 바람내음이 살을 섞은 이 봄공기는
무한히 충만해 있으면서 비어 있는 유마힐의 공기.
해마다 네게 드리고픈 선물은 오직 이것뿐.

– 나태주, 〈새로 피는 꽃내음〉, 1979년

그런데 국어를 전공하는 사람은 가끔 이 시심을 깨뜨리는 말을 합니다. '내음'이 맞춤법에 어긋나는 단어라고요. 맞습니다. '내음'은 불과 몇 년 전만 해도 '지역 방언'이라고 취급되어서 표준어로 인정받지 못했답니다. 표준어는 뭘까요? '냄새'입니다. 시심이 다 깨지셨지요. 괜히 위에 등장한 '내음'을 모두 '냄새'로 바꾸어 써야 한다는 말로 들리기도 하고요. 다행히 그런 걱정은 하지 않으셔도 됩니다.

저는 위 시의 '내음'을 '냄새'로 바꾸는 만행을 저지르지 않아도 되기에 기뻐하는 중이에요. 드디어 '내음'이 표준어로 인정되었거든요. 저는 개인적으로 시나 소설 속의 언어는 표준어에 얽매이지 않아도 된다는 생각을 갖고 있긴 하지만, 예상하지 못할 공식적인 상황은 있게 마련이니까요. 내음을 표준어로 인정하게 된 사연은 인터넷 검색 결과를 통해서도 드러납니다. 네티즌이 지은 이름들 중에 '내음'이 들어 있는 것이 정말 많네요. 띄어쓰기를 고려하지 않고 몇 개만 소개해 볼게요.

- 가을내음, 풀내음, 사람내음, 산내음, 들내음, 산내음, 흙내음, 가늘한 내음

우리는 이 말들이 자신들의 활동 이름이나 블로그 이름으로 쓰

였다는 점에 관심을 가져야 해요. 사람들이 '내음'이라는 단어에 긍정적인 의미를 두고 있다는 것이 드러나지요. 이런 이름들을 '냄새'로 바꾼다고 생각해 보세요. 이 단어들에서 느껴지는 긍정적인 느낌이 사라지지요? 그렇습니다, '내음'이라는 단어는 부정적인 단어들과는 잘 어울리지 않습니다.

- 어디서 썩은 *내음이 난다.
  → 어디서 썩은 냄새가 난다.

그렇다고 '냄새'가 부정적인 곳에만 쓰인다는 의미는 아닙니다. '냄새'는 좋은 향이든 나쁜 향이든 구분하지 않고 코를 통해 느끼는 감각이라는 의미입니다. 그래서 '냄새'만으로 방언 '내음'이 가진 의미까지 포괄할 수 있으니 굳이 이를 표준어로 인정하지 않은 거지요.

그러다가 2014년에 내음이라는 단어를 맞춤법으로 인정하게 된 것은 '내음'이 냄새와는 별도로 '코로 맡을 수 있는 나쁘지 않거나 향기로운 기운'이라는 새로운 의미로 널리 쓰이고 있다는 사실 때문입니다. 결국 여러분이 쓰는 언어 때문에 표준어 목록이 추가된 거예요.

인터넷 속 '내음'을 찾다가 재미있는 이름을 봤어요. '소똥내음'이라는 간판이었습니다. 우리가 앞서 보았던 의미라면 '소똥내음'이라는 단어는 잘못된 표현일까요? 저는 아니라 생각합니다. 소똥내음에 대해서 아련한 추억을 가진 사람들만 쓸 수 있는 멋진 표현이 아닐까요.

일상의 언어에서 우리가 문학적 표현을 쓸 수 있다는 것은 정말 환영할 일이에요. 우리가 정서적으로 메마르지 않았다는 것을 알려 주는 증거이니까요. 여러분이 딱딱한 맞춤법의 세계에 갇혀 있는 이 순간에도 말랑말랑하게 우리의 가슴을 달래 주는 것이 시의 언어이고 시의 마음이라고 생각합니다.

눈초리와 눈꼬리

'눈초리'라는 단어를 써 보신 적이 있나요? 성형외과에 갔다고 가정해 보세요. 그리고 환자의 입장에서 질문하는 상황을 만들어 봅시다.

- 선생님 제 눈초리가 많이 처졌는데요. 어떻게 올리는 방법 없나요?
- 선생님 제 눈꼬리가 많이 처졌는데요. 어떻게 올리는 방법 없나요?

어떤 문장이 더 익숙하신가요? 물론 두 번째 문장일 것입니다.

첫 번째 문장이 익숙하신 분들은 맞춤법의 달인이거나, 연세가 꽤 많은 분일 가능성이 높아요. 먼저 우리가 인정할 것은 두 번째 문장이 훨씬 많이 쓰인다는 것입니다. 그리고 문제가 되는 것은 이 문장은 불과 몇 년 전만 해도 잘못된 표현이었다는 것이지요. '눈꼬리'는 '눈초리'의 잘못된 표현이라고 되어 있었거든요.

어색하기만 한 이 '눈초리'가 단독으로 표준어가 된 이유는 도대체 뭘까요? 이를 알기 위해서 모처럼 고전문학 공부 한번 할까요? 고등학교 때 《관동별곡》이라는 문학작품이 있었지요. 그 일부를 보기로 해요.

- 은 ㄱ튼 무지게 옥 ㄱ튼 용의 초리(은 같은 무지개 옥 같은 용의 초리)

폭포수를 '무지개'와 '용의 초리'에 비유한 부분이에요. 여기서 '초리'는 뭘까요? 오늘날 국어사전에 실린 '초리'의 뜻을 보면 '어떤 물체의 가늘고 뾰족한 끝 부분'이라 되어 있거든요. 그렇다면 용의 '가늘고 뾰족한 끝 부분'은 어디인가요? 네, 꼬리입니다.

'꼬리'와 '초리'가 옛날부터 의미상의 연관 관계를 가졌다는 것을 보여 주는 부분이지요. 물론 옛날에도 '꼬리'라는 단어는 있었습니다. 그런데 이 '꼬리'가 '눈'이나 '입'과 결합되는 경우는 많지 않았던 모양입니다. 오히려 '눈초리'라는 단어가 많이 쓰였던 것이지요. 그런데 이 단어가 '눈의 끝 부분'을 가리키는 경우는 상당히 줄어든 듯합니다. 오히려 다른 의미로 훨씬 많이 쓰이지요.

- 눈초리가 매섭다.
- 그녀를 날카로운 눈초리로 바라봤다.
- 그는 항상 싸늘한 눈초리로 사람을 대한다.

이 단어들 속의 '눈초리'는 눈의 끝 부분을 가리키지 않습니다. 눈에 나타난 표정을 뜻하지요. 현재의 우리는 '눈의 끝 부분'을 가리켜 '눈초리' 대신 '눈꼬리'라는 말로 표현하고 있어요. 그래서 이전에 비표준어로 삼았던 '눈꼬리'를 '눈의 귀쪽으로 째진 부분'을 표현하는 말로 인정하게 된 것이지요. 그 결과 우리는 이렇게 적을 수 있게 되었습니다.

- 눈꼬리가 처지다.
- 눈꼬리가 올라가다,
- 눈꼬리가 찢어지다.

앞으로 여러분은 '어떤 대상을 바라볼 때 눈에 나타나는 표정'을 적고 싶으시다면 '눈초리'로, '눈의 끝부분'을 가리킬 때는 '눈꼬리'로 적으시면 됩니다.

6장

황당한
맞춤법 파괴

인터넷을 열고 '맞춤법 파괴 사례'라 검색해 보세요. 아주 재미있는 맞춤법들을 확인할 수 있답니다. 몇 개 확인해 볼까요?

맞춤법 파괴 사례	올바른 맞춤법 표기
골이따분한 성격	고리타분한 성격
나물할 때 없는	나무랄 때 없는
일은 시험시험 하세요	일은 쉬엄쉬엄 하세요
일해라 절해라 하지 마	이래라저래라 하지 마
시럽계 / 입문계	실업계 / 인문계
에어컨 시래기	에어컨 실외기
인생의 발여자로 삶고 싶은	인생의 반려자로 삼고 싶은
일치얼짱	일취월장(日就月將)
핵갈리지 마세요	헷갈리지 마세요

어떤 사람들은 이 사례를 보면서 맞춤법 붕괴의 현실을 한탄합니다. 그리고 우리말의 아름다움이 훼손될까 걱정하기도 하지요.

하지만 우리 중요한 지점을 짚어 보기로 해요. 이런 맞춤법 오류가 여러분의 문서에 나타날 확률은 얼마나 될까요? 실제로 여러분의 공식 문서에 이런 오류들이 나타나는 경우는 거의 없어요. 무엇으로 그리 확신하느냐고요? 공식 문서는 어떤 목적을 이루기 위한 기록이잖아요. 그러니 일정한 질서를 준수하는 것이 원칙이에요. 우리는 아주 오랫동안 그 원칙을 배워 왔어요. 그리고 그 규칙을 따르는 것이 자신에게도 조직에게도 유리해요. 맞춤법을 준수하는 것이 정보를 더 객관적으로 전달하니까요. 미래를 결정하는 중요한 시험이라고 생각해 보세요. 그 시험에 위에서 언급한 사례들을 그대로 적어 내는 용감한 사람들은 많지 않을 겁니다. 저 역시 학생을 가르치는 사람으로서 리포트 등에 저런 예시가 쓰인 걸 한 번도 본 적이 없어요.

위의 맞춤법 오류를 만들어 내고 이를 즐기는 사람들은 이미 이런 예들이 잘못되었다는 것을 잘 알고 있어요. 알고 웃어야 진짜 유머이니까요. 그리고 개그는 개그일 뿐이라 생각하고 공식 문서에서는 이를 따라하지 않는 거예요. 위 사례가 적힌 인터넷 사이트의 댓글들을 보면 '기발하고 재미있다', '어떻게 저런 생각을 했지?', '재미있는 말 또 올려 주세요' 등의 반응이 대다수입니다. 이 같은 반응은 우리가 이런 실수를 진지하게 받아들이고 있지 않다는 것을 의미해요. '하나의 놀이'로서 즐기는 것이지요.

이 지점에서 저는 누군가가 이렇게 반항해 주길 바랍니다. '교수님, 실제 사례라던데요'라고요. 네, 그런데 그 실제 사례가 나타나는 경우가 어떤지를 생각해 보세요. 상대방의 말에 금방 대응해야 하는 경우거나 구어적 속성이 반영되는 경우, 친한 친구와의 대화나 온라인상의 언어처럼 실수가 어느 정도 용인되는 경우지요. 그리고 가까운 사이일수록 이런 실수는 더 많이 생기지요. 중요한 상황에서 이런 오류들은 줄어들게 마련이에요.

이 장에서는 황당한 맞춤법 파괴 사례들을 다루어 볼 거예요. 목표는 두 개입니다. 일단 개그니까 마음껏 웃는 것이고요. 둘째는 원래의 맞춤법을 잘 이해하는 것이지요. 그 황당한 맞춤법 중에도 간혹 언어 문법에 관여하는 경우가 있으니까요. 자 그럼 가벼운 마음으로 다음 장을 봅시다.

*굿일굿일해

여러분이 인터넷에 올려놓은 황당한 맞춤법 중 해맑게 웃을 수만은 없었던 목록이 있어요. 한번 볼까요?

- *굿일굿일해 → 구질구질해
- *장례희망 → 장래희망

두 개의 황당 맞춤법은 사실 많은 사람의 호응을 받지는 못한 듯해요. 이 외에도 정말 재미있는 맞춤법 파괴 예들이 많으니까요. 그런데 이 맞춤법 파괴 예들은 국어 음운 현상을 제대로 이해한 면도 있는 것들이에요. 무슨 말이냐고요?

'굿일굿일해'라는 단어를 발음해 보세요. 어차피 틀린 표기이니 걱정하지 마시고 발음 그대로 적으세요. 설마 [*구실구실해]라 읽으신 분들이 있나요? 그런 분이 있으시더라도 쑥스러워하지는 마세요. '내 발음은 좀 특별하구나' 이렇게 생각하셔도 좋고요. 또 나는 '일'을 '일(事), 일(日)'로 생각하지 않았다고 말씀하셔도 좋아요.

[구딜구딜]이라고 발음한 분이 있으신가요? 정말 훌륭합니다. '일'을 '일(事), 일(日)'로 생각하시면 이 말은 [구딜구딜]로 발음되어야 합니다. 왜 이렇게 구질구질하게 길게 말하는 것일까요? 이것은 여러분이 정말 싫어하는 맞춤법 표기인 '며칠'과 관련된 음운 현상이에요.

• 몇 + 월[며둴]

위의 발음을 보세요. 앞말의 받침에는 'ㅊ'이 있는데 그것이 'ㄷ'으로 바뀌어 넘어갔잖아요. 그것은 '월(月)'이 의미를 가진 단어이기 때문입니다. 국어에서 의미가 있는 단어 앞에 있는 음절의 받침은 뒤에 빈자리를 만나더라도 그대로 넘어가지 못합니다. '월(月)'이 자기의 의미 손상을 염려해 'ㅊ'을 막기 때문입니다. 누군가 '[며췰]'이라고 발음한다면 누가 이 말을 '몇 월'이라고 생각하겠어요?

그런데 '몇+일'의 결합이라고 생각되는 말을 발음해 보세요. '[며칠]'이라고만 발음될 뿐 '[*며딜]'이나 '[*면닐]'이라고 발음하

240

는 사람은 거의 없습니다. 이것은 뒤의 '일'이 앞의 'ㅊ'을 막을 만한 힘이 없다는 것을 의미하겠네요. 그래서 이 단어는 그냥 소리 나는 대로 '며칠'이라고 쓰기로 한 거예요. 맞춤법이 어려운 것이 아니라 여러분의 소리가 그렇게 쓰라고 말하고 있는 것이지요.

다시 '굿일굿일[구딜구딜]'로 돌아가 보기로 해요. 이 말의 원래 표기인 '구질구질'은 상태가 깔끔하지 않은 것을 가리킵니다. 이를 '지저분하다, 좋지 않다'의 의미인 '궂다'와 연결시킨 모양이에요. 그렇게 되면 '궂-일궂-일'이 되고 발음은 [구딜구딜]이 되거든요. '일'이라는 단어가 'ㅈ'을 막을 터이니 말이지요. 이런 논리대로라면 '굿일굿일'과 '구질구질'은 괜히 가깝게 느껴지네요. 하지만 '궂-+일'과 같은 방식의 결합은 오늘날 단어를 만드는 질서가 아니랍니다.

• 궂-+일 → 궂은일

오늘날에는 단어를 만들 때 앞의 단어가 동사나 형용사이면 어미가 들어 있어야 합니다. 다음 단어를 볼까요?

• 늦잠 → 늦은 잠

늦잠은 '늦-'에 '잠'이 직접 결합되어 단어를 이루었지요? 하지만 이것은 과거에 만들어져 오늘에 전해지는 말이에요. 오늘날 만들어진 단어라면 '*늦은잠'이 되어야 합니다. 늦잠이라는 단어가 이미 있으니 굳이 '늦은잠'이라는 단어를 새로 만들 필요가 없었 겠지요.

옛 문헌을 보면 '구질구질'은 '구딜다'로부터 왔다는 것을 알 수 있어요. 즉 과거 어느 시점에는 '구딜구딜'이었고 이 속에는 '일'이 라는 단어가 들어 있지 않은 거지요. 황당 맞춤법 속 원리가 무너지 는 순간입니다. 그러면 저는 왜 이 맞춤법을 안쓰럽다고 했을까요?

- 구질구질한 날씨.
- 구질구질한 인생.
- 구질구질한 형편.

이 '구질구질하다'라는 단어를 남과 비교하여 자신의 처지를 한 탄할 때 쓰는 경우도 많은 것으로 보여요. 저는 제 수강생들이 이 런 표현을 할 때 속이 많이 상합니다. 살아갈 날이 앞으로 얼마나 많이 남아 있는데 벌써 자신의 삶이 어떠어떠하다고 평가하고 자 책하다니요. 그런데 어느 날 이 단어가 다르게 변신한 것을 만난 거예요.

- 구질구질한 날씨 → *good일 good일 한 날씨
- 구질구질한 인생 → *good일 good일 한 인생
- 구질구질한 살림 → *good일 good일 한 살림

물론 개그이지만 이러한 시도에 웃음이 났습니다. 위의 맞춤법 파괴 놀이에는 희망을 갖기 어려운 것에 대한 반항이, 구질구질한 일이 오히려 좋을 수 있다는 저항이 들어 있는 것 같지 않나요? 결국 이러한 맞춤법 파괴 놀이는 '말장난'의 유쾌함을 위해 활용되는 경우가 더 많습니다.

물론 이게 학생들이 가져야 할 긍정적인 마인드라는 생각은 전혀 안 합니다. 학생들이 갖추어야 할 긍정적 마인드는 보다 더 깊은 곳에서 우러나왔으면 좋겠어요. 이런 작은 시도들로 잔잔하게 해소하는 것보다 더 크고 우렁차게요. 그러면서도 이렇게 잔잔하게라도 해소하려는 우리 학생들 때문에 조금은 더 아팠어요. 이 부분의 가장 앞에 제시해 놓고 아직 말을 안 꺼낸 예 때문에도 그래요.

- *장례희망 → 장래희망

이 맞춤법 파괴 속에서는 희망에 '장례'의 이미지를 넣었네요. 불투명한 미래를 그렇게 표현하고 싶었을지도 모른다는 생각이 들어 참 안타까웠어요. 그래서 노인처럼 한마디 건넵니다. 아직은 모른다고, 나도 아직 나의 장래희망을 포기하지 않았다고 말입니다.

*고리타분

고리타분하다는 말은 말 자체의 의미를 따지고 쓴다기보다 그런 특성을 가진 대상이나 상황과 연관시켜 기억되고 있는 것 같습니다. 그리고 실제로 단어는 단어 자체로 외우고 있는 경우보다 이렇게 문장이나 어구 속의 의미로 기억되는 경우가 훨씬 많습니다. 단어는 홀로 쓰이기보다 문장이나 어구 속에서 살아 있는 것이거든요.

- 고리타분한 사람 ⟺ 신선한 아이디어가 있는 사람
- 고리타분한 책 ⟺ 새롭고 신선한 내용의 책
- 고리타분한 얘기 ⟺ 답답하지 않은 이야기, 새로운 이야기

그러면 앞의 어구들 속에서 고리타분하다는 말로 표현되는 사람이나 책, 얘기는 어떤 속성을 가졌다고 생각되나요? 금방 떠오르지 않으면 이와 반대되는 상황을 만들어 보세요. 그러면 이 '고리타분하다'라는 단어가 어떤 의미인지를 유추할 수 있어요. 여러분이 추측하신 대로 이 단어는 '새롭지 못하고 답답하다'는 의미로 쓰입니다.

'고리타분하다' 라는 말을 사전에서 찾아보면 '냄새가 신선하지 못하고 역겹게 고리다'로 되어 있습니다. 그리고 그 다음 의미로 우리가 이끌어 낸 '새롭지 못하고 답답하다'는 것이 나옵니다. 이 상하지요? 여러분은 '고리타분하다'를 냄새와 연관지어 생각해 본 적이 전혀 없는데 말이지요. 무슨 사연일까요?

여기서 생기는 의문은 '고리타분'이라는 말이 어디에서 왔을까 하는 것입니다. 아무래도 이 단어는 '고리타분'에 '하다'가 붙은 말이니까요. 이 재미없는 이야기 속에서 우리를 웃을 수 있게 하는 개그 맞춤법이 있습니다.

- *골이따분한 성격.

저는 이 개그를 보고 한참 웃었어요. 세상에 이런 기발한 생각을 하는 사람들도 있구나 하고요. 정격이 파괴되었을 때 그리고 그것이 그럴 듯할 때 우리는 즐겁습니다. 게다가 그것이 우리에게 어떤 방식으로든 가치를 전해 줄 때 우리는 더 즐거워지지요. 이 개그가 재미있는 첫 번째 요소는 이 '*골이따분'이 앞서 우리가 추출한 의미와 너무도 맞아떨어진다는 것이에요. '새롭지 않고 답답한 성격'은 우리의 머리를 따분하게 하잖아요. 맞춤법 얘기를 풀어 가고 있는 저로서는 문득 긴장하게 되었어요. 저도 누군가의 골을 따분하게 하고 있는 것은 아닌가 하고요.

이 개그의 두 번째 코드는 이 단어가 국어의 음운 현상과 관련된다는 점이에요. 먼저 '고리'는 '골이'와 발음이 같습니다. 앞에서

우리 연음법칙이라는 규칙을 배웠었지요. 음절 처음의 'ㅇ'은 빈자리이니 이를 채울 것인가 말 것인가가 혼동될 수 있다고요. 그리고 우리가 빈자리를 남기고 앞 음절에 받침을 남겨 두는 것은 의미를 분명히 하기 위해서라고 했지요. 물론 이 개그를 만든 사람은 그걸 생각하지 못하였겠지만, 듣는 사람에게 '고리타분:*골이따분'의 짝이 그럴 듯하면서도 재미있게 보이는 비결에는 그도 몰랐던 이런 음운 현상이 한몫하고 있는 것이지요.

저에게 이 개그가 더 재미있는 것은 또 다른 요소 때문이에요. 혹시 '고리타분'이라는 말을 한자성어로 파악하고 있는 것은 아닌가 하는 생각이 문득 들기 때문이지요. 하지만 이 단어는 한자성어가 아니랍니다. 우리말이에요. 여기서 여러분 질문하셔야 합니다. 이 책을 지금까지 주욱 읽어 오신 분이라면 제가 질문하라고 할 때 그 포인트는 앞에서 찾아야 한다는 것을 아실 거예요. 여러분이 의문을 품어야 할 지점을 포착하지 못하고 그냥 저를 따라오고 있을 때 제가 뭐 놓치신 것 없나요 하고 묻는다는 걸요.

찾으셨나요? 우리의 의문 포인트는 '*골이따분'을 말하기 바로 직전과 연결되어 있습니다. 그때 우리는 '고리타분'에 '하다'가 붙은 말이라 했었지요. 그리고 지금 우리는 '고리타분'이 한자성어가 아니라 우리말이라는 지점에 와 있습니다. 그렇다면 '고리'나 '타분'이 우리말이라는 걸까요?

국어사전에서 '타분하다'는 '입맛이 개운하지 않다, 음식의 맛이나 냄새가 신선하지 못하다'라고 설명합니다. 우리는 여기서 '고리타분'의 의미를 이해하게 됩니다. 이 단어는 원래 '타분하다'로 냄새나 맛과 관련된 단어이고 그 의미가 확장되어 사고나 성격, 사람 등에 쓰이게 되었다는 것을 말이지요.

- 맛이 고리타분하다　≒　맛이 타분하다
- 냄새가 고리타분하다　≒　냄새가 타분하다

실제로 우리에게 위의 문장들은 앞서 보았던 '성격, 사람, 이야기'보다 더 낯선 연결로 느껴지기는 하지만 딱히 틀린 말이라는 느낌도 들지는 않아요. 뒤에 비교해 놓은 '타분하다'라는 말 자체가 우리에게 많이 낯설기는 하지만요. 그러면 자동으로 '고리'는 뭐냐 하는 질문이 나와야 하겠지요. 저는 이 말의 어원은 알지 못해요. 다만 이 말의 풀이 그대로 '냄새가 고리다'와 관련된 것은 아닌가 생각합니다. 여러분 '고린내'가 무엇인지 아시지요?

- 냄새가 신선하지 못하고 역겹게 고리다.

하지만 이것은 저의 가벼운 추측이라는 점을 말씀드립니다. 다만 이 추측을 한 죄로 이 말을 두고두고 연구해야 하는 것이 제 숙제가 되기는 했네요.
여기서 중요한 것은 그게 아니지요. 어쨌거나 우리는 '*골이따분'이라는 개그 맞춤법 덕분에 많이 웃었고 이 말이 한자성어가 아니라는 것을 알게 되었고 원래 역한 냄새나 맛을 표현하던 '타분하다'라는 단어와 연결되어 있다는 점을 배우게 되었잖아요. 개그는 개그일 뿐 따라하지는 않는 것이라 했었지요. 여기에 덧붙이고 싶은 한마디, 한바탕 웃은 후에는 우리에게 필요한 것들을 추출할 수 있는 한 걸음 더 나감이 중요하다는 말을 전하고자 합니다.

나물할 때 없는

인터넷에서 발견한 황당 맞춤법들 중에는 '이렇게 기발할 수가' 하고 감탄사를 유발하는 것들이 있어요. 저는 아래 두 개의 황당 맞춤법을 보고 그런 감탄사를 보냈습니다.

- *나물할 때 없는   → 나무랄 때 없는
- *일은 시험시험 하세요   → 일은 쉬엄쉬엄 하세요

누군가는 전혀 감탄스럽지 않다고 생각하실 수도 있어요. 기발함을 느끼는 지점은 사람마다 다르니까요. 그렇지만 이 장에서 저는 이 두 맞춤법 파괴가 기발한 이유를 설명하려 합니다. 우리의

언어의 실제가 반영된 부분이 있거든요. 그것을 아는 과정에서 여러분도 재미를 느낄 수 있기를 바랍니다. 그렇다면 제가 이 두 맞춤법 파괴 예에서 감탄하게 된 이유는 뭘까요?

우리가 맞춤법에서 혼란을 느끼는 경우는 크게 의미상으로 헷갈리거나 발음상으로 혼동되는 경우거든요. 저는 이 두 맞춤법 파괴가 발음상의 혼동을 적절히 포착하였기 때문에 감동하는 것이랍니다. 그런데요. 아무리 봐도 '*나물할'과 '나무랄'은 발음상으로 유사한 지점이 보이지 않지요? '시험시험'과 '쉬엄쉬엄'은 더하고요. 그러나 이 둘은 발음상으로 유사하게 될 수 있는 음운 현상이 관여한답니다. 물론 이 음운 현상은 표준발음법에서는 인정하지 않는 것이고요. 그게 무엇인지 볼까요?

- 우리는 <u>결혼한</u> 지 10년이 지났다.
  → [결혼한/*겨론한]

'결혼'의 정확한 발음은 [결혼]입니다. 이것이 표준발음법이지요. 그런데 국어의 'ㅎ'은 모음과 모음 사이나 'ㄹ'과 모음 사이에서 탈락되어 발음되는 경우도 있답니다. 즉 결혼이 [겨론]으로 발음될 때도 있다는 거지요. 이것을 위의 '나물할 때'와 '나무랄 때'의 관계에서 살펴보기로 할까요?

나물할 때

⇓

*ㄹ과 모음 사이에서의 'ㅎ'탈락

⇓

ㄹ의 연음

⇓

*[나무랄 때]

어떤가요? 이런 과정을 거치니 '나물할 때'와 '*나무랄 때'가 비슷한 발음이 되어 버렸지요. 물론 이런 현상은 실제에서는 거의 일어나지 않아요. 그러니 '나무랄 때'는 '나물할 때'와 연관될 리 없지요. 하지만 거기에 들어 있는 음운 현상이 국어에서 현재 일어날 수 있는 일인 까닭에 그럴 듯하게 보이는 거예요.

그렇다면 '시험시험'과 '쉬엄쉬엄'의 관계를 볼까요? 일단 모음과 모음 사이의 'ㅎ'이 탈락할 수 있겠네요. 그래서 '시험시험'이 [시엄시엄]으로 발음되는 경우가 있을 수 있겠군요. 물론 표준발음법은 아닙니다. 여기에 '쉬엄쉬엄'의 '쉬[swi]'에서 'w'가 탈락하면 '시'가 나오게 되어요. 그렇게 되면 둘 모두의 발음이 [시엄시엄]이 되지요.

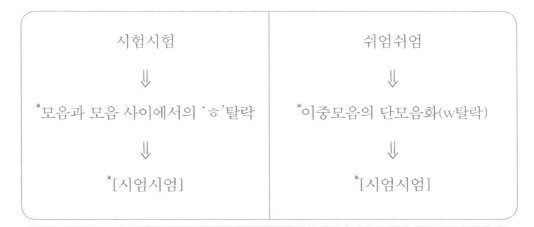

시험시험	쉬엄쉬엄
⇓	⇓
*모음과 모음 사이에서의 'ㅎ'탈락	*이중모음의 단모음화(w탈락)
⇓	⇓
*[시엄시엄]	*[시엄시엄]

두 형태의 발음이 같아짐

　여기까지 오면 크게 화를 내는 분이 있을 수 있어요. 지금 뭐하는 거냐고, 우리는 표준발음을 배우고 싶다고. 표준발음도 아닌 맞춤법 파괴 예를 대상으로 발음의 그럴 듯함을 논의하는 것이 무슨 의미가 있느냐고요. 여러분의 분노를 충분히 이해합니다. 맞춤법을 배우는 데는 별로 소용없는 일인 것이 맞습니다.

　하지만 여러분이 맞춤법 자체에만 목표를 두시는 한 언어에 대한 이해도는 한정됩니다. 제가 늘 말씀드렸었지요. 맞춤법은 실제 언어로부터 추출한 공식적인 상황을 위한 것이라고요. 그렇다면 그 공식적 상황 이외의 살아 있는 우리의 언어에도 관심을 가질 필요가 있어요. 그 언어의 현장 속에는 맞춤법으로 개그를 만들 때조차 발생되는 우리의 음운 현상이 있어요. 물론 그것이 현재의 한국어에서 중요한 규칙은 아니기 때문에 맞춤법에 반영하지 않기는 하지만요.

살아 있는 우리의 언어를 인정하는 것은 아주 의미 있는 일입니다. 물론 여기서 더 중요한 것은 살아 있는 우리의 언어 중 대표적이고 높은 위계의 것을 반영하고 있는 것이 규범이라는 점이긴 하지만요. 가끔은 액면 그대로의 우리 발음과 규범의 것들을 비교해 보는 것도 재미있는 일이랍니다.

*헷갈리지 마세요

- 심문(審問)
- 신문(新聞)

위의 두 단어는 다른 단어입니다. '심문'은 '따져 묻는다'의 의미로 범인을 취조하는 등의 활동을 가리키는 말이에요. 반면 '신문'은 여러분이 잘 아시는 '새로운 소식을 전하는 정기간행물'이지요. 그런데요. 아래 문장을 읽듯이 발음해 보세요.

- 그렇게 심문하듯 묻다니 어디 신문기자도 아니고.
    → [심문]   → [신문/*심문]

혹시 뒤에 오는 '신문'을 [*심문]이라 발음하는 분은 없으신가요? 이런 분들은 자책하지 마세요. 지극히 정상입니다. 'ㄴ'과 'ㅁ'이 연속되어 발음될 때 뒤의 'ㅁ'의 영향을 받아서 앞의 'ㄴ'도 'ㅁ'으로 변한 거예요. 왜 이런 일이 일어날까요?

제게 언어학을 가르쳐 주신 정연찬 교수님이 하신 말씀이 있어요. 언어는 입과 귀의 끊임없는 전쟁이라고요. 즉 입은 편하게 발음하려고 애를 쓰고 귀는 의미를 정확히 구분해 들으려고 하지요. 그런데 입의 입장에서 편한 것은 귀에 불편하고 귀의 입장에서 잘 들리는 것은 입의 입장에서는 비경제적이에요. 그러니 둘 사이의 전쟁이 일어날 수밖에요. 이 말을 앞서 본 신문과 심문의 관계에서 볼까요?

'ㄴㅁ'을 연결해서 발음하려는 입은 'ㄴ'을 발음하기에 앞서 뒤에 'ㅁ'이 나온다는 것을 알거든요. 그러니 'ㄴ'을 'ㅁ'으로 쉽게 바꾸려고 시도를 합니다. 같은 음을 두 번 발음하는 것이 여러모로 경제적이거든요. 그런데 귀의 입장은 어떤까요? 입이 자기 편의대로 '심문'이라 발음해 버리면 또 다른 의미의 '심문(審問)'과 의미 구별이 잘 안 되잖아요. 그래서 입이 정확히 발음하도록 하는 거지요.

입의 입장에서 '신문'을 [*심문]처럼 발음하는 것은 우리에게 낯선 일이 아니에요.

• 꽃바구니[꼳바구니/*꼽바구니]

- 줄넘기[줄넘끼/*줄렁끼]

- 감기[감기/*강기]

- 옷감[옫깜/*옥깜]

- 문법[문뻡/*뭄뻡]

물론 표준발음은 아니지요. 그러나 위의 현상은 생각보다 빈번하게 일어나는 일이에요. 그래서 표준발음법 21항에서는 이런 발음들을 자음동화의 범주에 넣고 이와 같이 소리 내지 않도록 권장하고 있지요.

그럼 이제 이와 관련된 맞춤법 파괴 사례를 볼까요?

맞춤법 파괴 사례	올바른 맞춤법 표기
핵갈리지 마세요	헷갈리지 마세요
시럽계, 입문계	실업계, 인문계

첫 번째 '헷갈리지 마세요'는 원래 [헫깔리지]로 발음해야 합니다. 'ㅅ'은 받침에서 'ㄷ'으로 소리 나니까요. 그런데 'ㅅ' 바로 뒤에 오는 자음이 'ㄱ'이잖아요. 그래서 'ㅅㄱ'을 'ㄱㄱ'으로 바꾸어 발음하는 거지요. 그러면 [*핵깔리지]로 발음되는 거예요. 이 [*핵깔리지]를 표기에 반영한 것이 '핵갈리지 마세요'이고요. 국어의 음운 현상을 그대로 반영한 것이지요.

'실업계, 인문계'를 잘못 적은 '시럽계, 입문계'에도 이런 현상이 반영되어 있어요. '실업계'를 '시럽계'로 쓴 이유는 아시겠지요. 원래 한자는 한 글자 한 글자에 음과 뜻이 들어 있기 때문에 앞의 받침을 뒤로 옮겨 적지 않잖아요. 옮겨 적으면 의미 구분이 안 되니까요.

- 일요일 ⟶ *이료일
- 개선안 ⟶ *개서난

'실업계'를 '시럽계'로 바꾼 것은 앞의 자음 'ㄹ'을 뒤의 '업'에 부당하게 연음화시킨 거지요. 인문계를 '입문계'로 만든 것은 앞서 '신문', '심문'에서 보았던 원리와 같아요. 두 번째 음절 '문'의 첫소리 'ㅁ' 때문에 앞선 'ㄴ'을 'ㅂ'으로 바꾼 거지요. 'ㅁ'과 'ㅂ'은 소리 나는 위치가 같거든요. 정말이에요. '므, 브'하고 발음해 보세요. 입모양이 똑같습니다. 다만 '므'는 코에서 소리 나고 'ㅂ'는 입 속에서 소리가 날 뿐이지요.

'*핵갈리지'와 '*입문계'는 될 수 있으면 쉽게 소리 내고 싶은 입의 반항이라는 점 아시겠지요. 그러나 귀의 입장에서는 이런 반항은 의미 없는 일이라는 것도요. 그리고 보면 맞춤법은 귀의 입장을 많이 참고하고 있네요. 실제로 그렇습니다. 맞춤법은 표기법이니까요.

*일치얼짱

여러분의 보고 현장에서 아주 신기한 예를 발견했답니다. 제가 '재미있는'이라 말하지 않고 '신기한'이라 말한 것 보이시지요? 그 대표적인 것이 '일치얼짱'입니다. 이런 말이 만들어지는 데는 언어학적 원리가 관여하지 않습니다. 이 책의 앞부분에서 다룬 많은 오류들은 나름의 원리들 때문인 것들도 많았지만 이 예는 그렇지 않아요. 그래서 제가 '신기한'이라는 말을 쓴 거예요.

그러면 이런 말이 생기는 이유는 뭘까요? 다양한 이유들이 있을 수 있지요. 먼저 두 가지 추측이 가능합니다. 일단 누가 언제 이 말을 쓰는지부터 생각해 보기로 해요.

여러분은 그런 말 안 쓴다고요? 물론 이런 말을 쓰지 않으시는 분들이 훨씬 많습니다. 아니 쓰는 분들이 몇 없으시겠지요. 그리고 그분들조차 문서에 이 말을 쓰지는 않을 것입니다.

이런 말들은 젊은 층들이 문자 메시지나 SNS에서 만들어 냅니다. 실수일 수도 있고요. 또 재미를 위해서 일부러 창작할 수도 있어요. 그런데 여기에서 두 가지 속성을 엿볼 수 있습니다. 첫째는 이들이 한자성어에 익숙하지 않으면서 한자성어를 쓰고 싶어한다는 것이고요. 둘째는 외모가 '얼짱에 일치'되기를 바란다는 점이지요.

이런 맞춤법 파괴를 보게 되면 한바탕 크게 웃으시고 그냥 무시하시면 됩니다. 개그는 개그일 뿐 따라하면 안되니까요. 하지만 이 말을 보고 '일취월장'이 뭔지 정확히 떠오르시지 않는 분은 얼른 그 단어를 찾아보세요. 개그 덕분에 한자성어 하나를 배울 수 있게 되는 거지요. 그리고 일취월장은 다른 한자성어를 배우는 데 도움을 주는 측면이 있답니다. 확인해 보기로 해요.

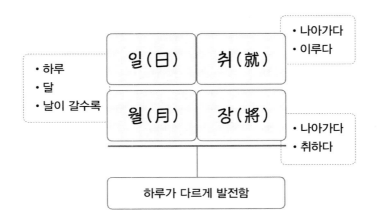

이 단어의 구성을 보세요. '일(日)'과 '월(月)'이 짝을 이루고 '취(就)'와 '장(將)'이 짝을 이루지요. 그래서 '일월'은 날이 갈수록, 달이 갈수록이라는 시간적 배경을 말하는 것이고요. '취'와 '장'은 발전한다는 의미를 나타내지요. 그래서 '날마다 달마다 크게 성장한다'는 의미로 쓰이는 것이지요. 쉽게 '하루가 다르게 발전함', '성취가 빠름'이라 생각하셔도 좋습니다.

이 단어를 만나게 되어 우리에게 좋은 점은요. 한자성어를 대할 때 구조를 봄으로써 더욱 쉽게 의미를 이해할 수 있다는 거예요.

첫 번째와 세 번째가 짝을 이루고 두 번째와 네 번째가 짝을 이루는 구성을 가진 한자성어가 생각보다 많답니다.

좀 복잡해 보이는 한자성어를 하나 볼까요?

- 동가식서가숙(東家食西家宿)

이 단어에서는 '동가'와 '서가'가 짝을 이룹니다. '동쪽 집', '서쪽 집'이라는 뜻이에요. 그러면 남은 두 단어인 '식'과 '숙'이 있네요. 앞뒤를 바꿔 보세요. 여러분이 아는 말이 되었지요? 그러면 이 단어의 뜻을 알 수 있어요. '숙식(宿食)'을 이 집 저 집에서 한다는 뜻이에요. 동쪽 집에서 밥 먹고 서쪽 집에서 잠을 잔다는 뜻이니까요. 구성 원리는 '일취월장'과 같은 것 아시겠지요.

'일치얼짱'이라는 신기한 단어도 즐기고 덕분에 한자성어의 구조도 배웠으니 우리에겐 좋은 일이지요.

262

100명 중 98명이 틀리는
한글 맞춤법 2

1판 1쇄 발행 2016년 1월 25일

지은이 　김남미
발행인 　오영진 김진갑
발행처 　나무의철학

책임편집 　임나리
기획편집 　심설아 곽지희 이은영 함초롬
디자인총괄 　안윤민
마케팅 　박시현 홍태형 신하은
경영지원 　주효경

출판등록 　2006년 1월 11일 제313-2006-15호
주소 　서울시 마포구 월드컵북로5가길 12 서교빌딩 2층
전화 　02-332-3310 　팩스 　02-332-7741
홈페이지 　www.tornadobook.co.kr

ISBN 979-11-5851-022-0　14710
　　　 979-11-5851-020-6　14710(set)

나무의철학은 토네이도미디어그룹(주)의 자회사입니다. 이 책 내용의 전부 또는 일부를 사용하려면 반드시 저작권자와 나무의철학의 서면 동의를 받아야 합니다.